はじめに

　北陸鉄道は、戦時中の陸運統制の国策によって、石川県下の中小の鉄道事業者らが集結して誕生した。その鉄道路線の多くは、北陸本線の駅から分岐する短距離の路線だったが、それらのうち、山中・山代といった石川県南部の加賀温泉郷をめぐる旧温泉電軌の路線群は「加南線」、鶴来と加賀一の宮で線路を接する石川・能美・金名の3路線は「石川総線」と総称された。しかし、私が多くのローカル私鉄の概要を知ることができた朝日新聞社編『世界の鉄道』(1974〜76年版)では、加南線はすでになく、北陸鉄道の小見出しは「浅野川線」「石川総線」「小松線」であった。

　私が石川総線を最初に訪れたのは、1976(昭和51)年3月30日であった。金沢市内の野町から鶴来、白山下、再び鶴来、新寺井と「石川総線」の全線に乗車したが、そこで案内などに使われていた路線名は石川総線ではなく、石川線、金名線、そして能美であった。金名線と能美線は、最初に耳にしたときは、路線名の由来が解らなかった。金名とは金沢と名古屋を結ぶという壮大というか大風呂敷を広げた旧金名鉄道の路線であること、能美とは旧能美電気鉄道の路線であることを鶴来駅で教えていただいた。金沢と名古屋は誰でも知っている都市名だが、「能美」の意味は恥ずかしながら理解できなかった。平成の大合併によって能美市が誕生したが、当時は能美郡の辰口町、寺井

町、根上町であり、「能美」という郡名はあまり広くは知られることはなかった。

　最初に訪れた時から北陸鉄道能美線と金名線は朝夕のみの運転で、昼間はバス代行であった。当時、このように列車が朝夕のみ走る路線としては北恵那鉄道があったが、北恵那鉄道は1978(昭和53)年9月に廃止され、北陸鉄道の能美・金名の両線も余命は長くない気がした。

■

　北陸鉄道の鉄軌道線は、1955(昭和30)年の松金線を皮切りに、次々に廃止されたが、その中で人口希薄地帯を走る能美線と金名線が廃止を逃れていたのは、金沢市内に伸びる石川線と繋がっていたこと、つまり「石川総線」であったことが大きな理由であったと言える。能美線には数回訪れたが、利用客は本当に少なく、存続していることが不思議に感じられた。

　北陸鉄道能美線の営業最終日は1980(昭和55)年9月13日であった。

　そんな北陸鉄道能美線の歴史を辿り、晩年の姿を再現したい。

山々が迫る鶴来を背に、加賀平野を西へ向かう新寺井行電車。
　　1980.3.5　来丸－辰口温泉　P：名取紀之

1. 新寺井〜新鶴来間開業

■石川電気鉄道の開業

　白山麓の玄関口にあたる石川県・鶴来は、手取川上流に点在する集落と加賀平野との結節点でもあり、金融機関や商家が軒を並べる小都市として発展した。

　この鶴来と金沢を結ぶ鉄道は、1912(大正元)年8月に石川電気鉄道、金沢・鶴来間電気鉄道、尾鶴軽便鉄道の3案が出願した。この3案には地元の有力者が名を連ねて運動をしたが、1913(大正2)年4月22日、石川電気鉄道金沢市六斗林(現在の野町3丁目)〜鶴来間に免許が下付された。石川電気鉄道の設立は1914(大正3)年2月25日で、免許時点では才賀藤吉率いる才賀電気商会が関与していたが、会社設立時点で才賀電気商会は破綻していて、愛知県の建設業：栗田末松ら栗田関係者が株式の多くを引き受けた。石川電気鉄道は軌間1,067mmの電気鉄道を計画していたが、資金や電源の問題で早急な電化が困難として軌間762mm・蒸気動力で1915(大正4)年6月22日に鶴来〜新野々市(現在の新西金沢)間11.7kmが開業、その年の6月30日に石川鉄道に改称した。

　鉄道院北陸本線に野々市(現在の西金沢)駅が開設されたのは1912(大正元)年8月1日で、野々市駅と金沢市内の犀川南岸を結ぶ馬車軌道が、金石馬車鉄道社長の横山俊二郎(旧加賀藩家老の横山家の家系)によって出願され、1913(大正2)年8月28日に特許となった。1916(大正5)年1月15日に野町〜野々市間2.4kmが馬車軌道で開業、同年9月1日には西金沢(後の白菊町)まで延伸され、営業区間は野々市〜西金沢間3.2kmとなった。この頃になるとこの個人経営の軌道は金野軌道となり、1919(大正8)年8月18日に金野鉄道に改称して、蒸気鉄道への変更を目指した。しかし金野鉄道では蒸気動力化は実現せず、1920(大正9)年7月15日に金沢市内の路面電車を運行する金沢電気軌道に合併された。

　石川鉄道は1920(大正9)年9月5日に1,067mm改軌と電化を決議し、1921(大正10)年8月1日に全線電化開通した。金沢電気軌道金野線となっていた野々市〜西金沢間も1922(大正11)年10月1日に軌間1,067mm・直流600V動力となった。こうして金沢電気軌道金野線と石川鉄道は同じ軌間・動力となり、1923(大正12)年5月1日に石川鉄道は金沢電気軌道に合併された。合併に関しては石川県知事や鉄道省は容認の意向を示し、地元株主は今後の経営に期待して反対者が多かったが、愛知県関係者は賛成に回って方向性が定まった。

■能美電気鉄道株式会社設立

　石川鉄道が軌間762mm・蒸気動力から1,067mm・600V動力への決議したころ、能美郡北部の有力者らが、寺井と鶴来を結ぶ鉄道建設を計画、1922(大正11)年1月4日に右の通り地方鉄道敷設免許の申請がなされた。

　官営鉄道北陸線の小松から金沢までの延伸開業は1898(明治31)年4月1日のことであったが、寺井停車場(現在の能美根上駅)が開設されたのは1912(大正元)年12月20日であった。その位置は寺井野村の西側に位置する根上村濁池であったが、停車場開設にあたり、産業の面で優る「寺井」を駅名としたという。それまで一寒村にすぎなかった濁池は、寺井駅が設置されたことにより、寺井野村への玄関口として発展し、商店や銀行なども見られるようになっていた。

　能美電気鉄道株式会社の設立にあたっては、寺井野村の大地主であった酒井芳が発起人総代となり、そのほかの発起人は、石崎蕃(寺井野村長／陶器商)、井出善太郎(陶器商)、田川政明(温泉業)、森喜平(根上村

■能美電気鉄道概念図

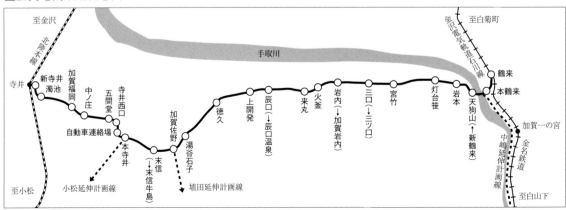

地方鐵道敷設免許申請書

石川縣能美郡ハ縣内ニ於ケル重要産業地ニ有之就中寺井野附近ハ之レカ中心地ニ位シ殊ニ加賀國産トシテ名聲喧々タル九谷燒ノ原産地羽二重ノ主産地トシテ其ノ産額頗ル多シ米麥ノ産出又不尠一面ニ於テ薪炭木材及石材煉瓦鍋谷山ヨリ産出スル硬質陶器原料竝ニ「クレー」等其産額多大ナリ尚辰口温泉及湯谷鑛泉アリテ四時浴客ヲ以テ毀賑ヲ極メ且鶴来町ニ連絡シテ交通甚タ頻繁ナリ然ルニ遺憾ナカラ是等主要町村ヲ連絡スル交通機關ナク加ルニ道路辻遠ニシテ官設鐵道驛ヲ距ル事遙カニ遠ク縣下有数ノ産業地モ時勢ノ進運ニ伴ヒ充分ノ發展ヲ期シ難ク候ニ付該地方一般啓發進展ニ貧シ度ト存候間何卒御免許被成下度地方鐵道法第十二條ニ據リ關係圖書相添ヘ此段申請候也

　　　　　　　　　　　　　　　大正拾壱年壱月四日
　　　　　　　　　　　　　　　發起人惣代　酒井　芳

鐵道大臣　元田　肇　殿

起業目論見書

一、目的
　電氣鐵道ヲ敷設シ旅客及貨物ノ運輸業ヲ營ムモノトス

二、商號又ハ名稱主タル事務所ノ設置地
　商號　能美電氣鐵道株式會社
　事務所設置地　石川縣能美郡寺井野村字寺井ム五十七番地

三、鐵道事業ニ要スル資金ノ總額及其ノ出資方法
　資金ノ總額　六拾萬円也
　出資ノ方法　株式ニ拠ル

項	金額(円)	備考
測量及び監督費	4,800	
用地費	127,500	
土木費	33,000	
橋梁費	9,900	
軌道費	249,600	
停車場費	4,200	
車輛費	45,900	30馬力電動車3輛、有蓋・無蓋貨車6輛
諸建物費	19,800	
通信線路費	960	
電力線路費	52,512	
変電所費	8,000	
総係費	9,600	
予備費	34,228	
合計	600,000	

四、線路ノ起終點及其経過スヘキ主ナル市町村名
　起點　石川縣能美郡根上村省線寺井停車場前
　終點　同縣同郡山上村岩本
　経過地　根上村、寺井野村、久常村、山上村

五、軌間
　三呎六吋

六、動力電氣鐵道方式供給者名
　動力　電氣
　電氣鐵道方式　直流六百「ヴォルト」架空単線式
　供給者　金澤電氣軌道株式會社

新寺井新鶴来間運輸数量表

旅客	365,000人
貨物	20,075t

営業収支概算書

旅客収入	78,840円
貨物収入	30,835円
雑収入	1,325円
収入合計	111,000円
営業費	33,000円
益金	78,000円
建設費	600,000円
建設費に対する利益割合	13%

長)、藤岡與次郎(機業家)ら計29名であった。

　当初は石川鉄道で廃車となる機関車を譲り受けて蒸気動力の軽便鉄道とすることが視野に入っていたと『北鉄の歩み』に記されているが、免許申請の段階では当初から軌間1,067mm、600V動力であった。

　これに対し、石川鉄道からは反対の陳情がなされている。

　　　　　　　　　　　　大正十一年二月四日
　　　　　　　　　　　　石川鐵道株式會社
　　　　　　　　　　　　社長　加藤　重三郎

能美電氣鐵道株式會社敷設反對ノ件陳情
　目下能美鐵道電氣※株式會社ハ省線寺井驛山上村間鐵道敷設免許申請中トノコトナレ共弊社鐵道ハ元来鶴来地方ノ人口希薄産業不振ニ因リ常ニ営業困難ヲ感シ大正六年ヨリ八年迄補助ヲ受ケタル程ノ状態ナリ故ニ今回右鐵道敷設サレンカ省線上リ方面行ノ貨客ハ之ニ依リ為メニ寡少ナル貨客ハ更ニ減少シ共ニ収支相償ハスシテ共斃トナルハ必然ノ結果ナリ因テ右鐵道不許可ヲ請願ス　※原文ママ

　1922(大正11)年5月11日に石川県知事澤田牛麿から鉄道大臣元田肇に「地方鐵道敷設免許申請ニ付添申」が提出されている。

　管下能美郡寺井野村酒井芳外二十八名ヨリ能美電氣鐵道株式会社發起人名義ヲ以テ一般旅客貨物ノ運輸ヲ目的トシ縣下能美郡根上村省線寺井停車場前ヲ起點トシ寺井野村ヲ横断シ辰口鑛泉ヲ経テ同郡山上村字岩本ヲ終點トシ延長九哩四十八鎖ニ亘ル地方鐵道敷設免許申請ノ處　終點ニ近キ

鶴来町地帯ハ手取川ニ沿フ山麓ニ介在シ白山地方ニ至ル關門タリ　尚寺井野村ハ九谷焼ノ産地トシテ夙ニ其ノ名聲高ク且附近ニ湯ノ谷鑛泉アリ辰口鑛泉ト共ニ四時浴客ヲ以テ毀賑ヲ極メ貨客ノ来往頻繁ナルモ區間ニハ唯一篠ノ縣道アルノミニシテ而カモ迂曲狭隘交通上不便不尠ヲ以テ本願御免許ノ暁ハ地方開發上至大ノ影響アルモノト認メラレ候篠御免許相成候様致度地方鐵道法施行規則第二條ニ據リ別紙調査書添付及進達候也

追テ本件ハ後願ニシテ本日別途進達置候石能鐵道株式會社ノ計畫線トハ一部競合スルモノニ付調査書中ニ意見詳述置候間御含ノ上御詮議相成度候

この添申に付された調査書は、要約するとおおむね以下のような内容である。

まず「申請者の資産および信用程度」として「申請者の資産高を大別すると、10万円未満13人、10万円以上8人、20万円以上3人、30万円以上3人、70万円以上1人、300万円以上1人で、いずれもこの地域における名声があり、信用の厚い者である」としている。

続けて「事業の成否」として「申請者29名のうち26名はこの鉄道が計画される地域に関係する資産家であり、この地域において名声がある。そのほかの3名も20万円前後の資産があり、農業、織物業、陶器業、銀行会社の重役などであり、信用できる人物である。よって事業は確実に成功するものと認める」としている。

次に「事業の効用」として、「石川郡鶴来町より能美郡山上村、寺井野村を経て、省線寺井停車場に至る区間は、狭い県道が1本のみである。現在、改修計画があるものの、今後まだ数年がかかる予定で、物資の輸送には充分ではない。寺井野村は能美郡北部町村における産業の中心地であり、また九谷焼の産地としても名高い。付近には湯ノ谷鉱泉があり、辰口鉱泉とともに入浴客が常に多く、これらによって貨客の往来が大変多くなっており、交通の不便を感じているところである。従って、本願鉄道が敷設されれば、一般の利便性向上はもちろん、地域の産業開発に大いに役立つものと考える」として、その有用性を訴えている。

また「他の鉄道または軌道におよぼす影響」では、「石川鉄道株式会社より、本願鉄道の終点は鶴来町に近く、鶴来以奥の山間部からの貨客の大半がこの路線を経由することになれば、会社の維持経営が困難になるとして、敷設に反対する旨の請願書が提出されている。しかし、両者は出発駅が異なるので、かえって交通運輸の範囲を拡張し、両者が相互連絡すれば、利便性が向上し、貨客が激増することとなるので、石川鉄道の主張するようなことはないと考える」として、石川鉄道の主張を退けている。

さらにこの後、「他の鉄道または軌道の競願関係」として、一部区間で路線が重複する石能鉄道株式会社の出願線との関係についても言及している。

能美電気鉄道株式会社発起人はその後

小松延伸の免許申請書類(国立公文書館所蔵)に添付された図より複製。加賀平野には能美電以外にも多くの路線が計画されていたことが分かる。なお、この当時は寺井野村が正しいと思われるが、この図の表記は寺井村となっている。

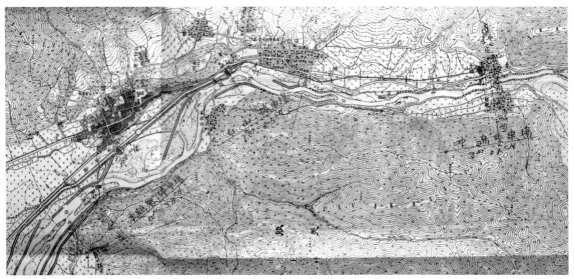
中嶋延伸申請時の計画図(陸地測量部1/20000正式図「鶴来」1909年測量／1910年発行に加筆されている)。後の中鶴来駅と加賀一の宮駅の間に白山停車場が記されている。
所蔵：国立公文書館

3名が加わり、酒井芳ほか31名に対する根上村(新寺井)～山上村(新鶴来)間鉄道敷設免許は1923(大正12)年6月20日に免許となった。免許後の1923(大正12)年9月9日に能美電気鉄道株式会社が設立され、初代社長に酒井芳が就任した。

■開業前に小松延伸の免許取得

1923(大正12)年6月20日に新寺井～新鶴来間の免許を取得した能美電気鉄道は、1923(大正12)年10月10日に寺井野村から分岐して小松町に至る6.0kmの免許を申請した。

これに関しては1923(大正12)年11月22日に石川県知事から鉄道大臣宛に、おおむね要約すると次のような内容の「地方鐵道路線延長認可申請ニ付添申」がなされている。

「分岐駅である寺井野村は能美郡内の大村であり、戸数1,123戸、人口6,468人を有する。付近には多数の集落が密集し、背面は手取川を擁して広大な石川郡の南部町村を包有している。寺井野村は九谷焼の原産地として名高く、付近の湯ノ谷鉱泉と相対して旅客の行き来が多い。また小松町は戸数3,147戸、人口15,241人があり、郡内の行政経済上の中心地であるのみならず、県内の重要な商工業地であり物資の集散により年々繁栄している。このため両地域の連絡を密接にして、交通運輸の利便を計ることは、地域の開発を促進するものであり、地域に役立つものと考えるので、認可していただきたい」としている。

なお、この延長計画線は、板津村字長田地内において石能鉄道株式会社による出願線を横断し、ともに省線小松駅に至るように計画されているが、両者にさしたる利害関係はない、とも申し添えている。

この本寺井から分岐して小松に至る路線「寺井野村ヨリ小松町ニ至ル鐵道」は1924(大正13)年8月15日に免許となった。

さらにこの直後の1924(大正13)年9月には、新鶴来～中嶋(後の手取中島付近)間の線路延長認可申請がなされた。

線路延長ノ理由書

現在當鉄道ノ終点ハ鶴来町ヲ距ルコト稍遠キニ過キ且ツ手取川ノ對岸ニ終ルヲ以テ石川郡トノ交通上ニ於ケル電気鉄道トシテノ効能ヲ殺リコト甚シク従テ最初布設ノ目的タル鶴来山間部トノ交通ニ於テモ中間ヤ運送區間過ナル為メ所謂隔靴掻痒ニ堪ヘス殊ニ昨今山間部ノ覚醒著シク加フルニ年々發電所其他ノ大工事起レルタメ運輸ノ設備ナキニ若シ種々ノ方法ヲ講シ居レルモノアルヲ以テ今回弊鉄道ニシテ不取敢石川郡河内村中島※迄延長スルニ於テハ山間部全體ノ運輸設備頓ニ發展シ彼我ノ便益非常ナルヘリ加之地方物資ノ集散地点タル鶴来町ニ於テモ橋ヲ越テ接近スルニ至ラハ運輸交通上ノ利便一々枚挙ニアラサルヘリ之ニ打テ始メテ交通機関タルノ天分ヲ盡シ得ヘキヲ信シ延長ノ計畫ヲ起シタル次第ニ御座候 ※原文ママ

これに対して石川県知事の意見添申は次の通りで、否定的な見解であった。この時点で、金沢電気軌道石川線の終点鶴来ではなく、未開業の金名鉄道(この時点では金名軌道)中嶋延長を目指した理由はよくわからない。自社の申請が免許となり、金名軌道の中嶋～鶴来間の免許が認められない場合は、金名軌道は能美電気鉄道のみと線路が繋がって、能美電気鉄道は金名軌

道からの貨物輸送を独占できると考えたのであろうが、鶴来およびその奥地は、小松よりは金沢との交流が深く、かなり無理がある計画に思える。

　　　　　　　　　　　　大正13年9月11日
　　　　　　　　　　　　石川縣知事　長延　蓮
鐵道大臣　千石　貢　殿
　　　　　線路延長認可申請ニ付意見添申
　縣下能美電氣鐵道株式會社ヨリ標記ノ件別紙ノ通申請候處右延長ハ本日別途進達ニ係ル先願者石川郡鶴来町小堀定信申請ノ金名軌道第二期線ト競合スルモノニ有之且延長區間中ニハ手取川ニ架橋築ノ難工事アリ延長哩程ニ比シ多額ノ建設費ヲ要スレハ採算上不利ナルノ己ナラス同社ハ創立後日尚浅キヲ以テ既免許線ノ實施工事モ資金ノ關係上完成容易ナラサルカ如ク思料セラレ候ニ付本件ノ如キ假ニ御認可相成候トモ其ノ實施至難ノモノト被認候尚右延長線ハ金澤電氣軌道ノ石川線、金名軌道ノ第一期線間ニ介スルモノト相成同地方運輸ノ現状ニ徴シ輸送上徒ニ繁雑ヲ招キ遂ニ交通機関ノ機能ヲ没却スルニ至ハ必然ニ有之更ニ地方鐵道網普及ノ見地ヨリ考察スルモ右區間ハ先願タル金名軌道ノ敷設區間ト為スヲ適當ト思料候本願拒否相成様致度候也

新鶴来～中嶋間については「本出願ハ金名鉄道路線ノ一部ト重複スルモノナリ」として1925（大正14）年9月24日に却下された。

■**工事施行認可申請**

　1923（大正12）年6月20日の根上村（新寺井）～山上村（新鶴来）間鉄道敷設免許後の工事施行認可申請等の状況は次の通りであった。

●新寺井起点0哩5鎖～辰口（後の辰口温泉）間
　工事施行認可　　1924（大正13）年7月16日
　工事着手　　　　1924（大正13）年7月22日
　工事竣工期限　　1925（大正14）年7月15日

●辰口～新鶴来間
　工事施行認可　　1924（大正13）年10月21日
　工事着手　　　　1924（大正13）年10月24日
　工事竣工期限　　1926（大正15）年4月20日

●新寺井～新寺井起点0哩5鎖間
　工事施行認可申請期限　1924（大正13）年9月15日
　第1回延期　　　　　　1924（大正13）年11月15日
　第2回延期　　　　　　1925（大正14）年1月15日

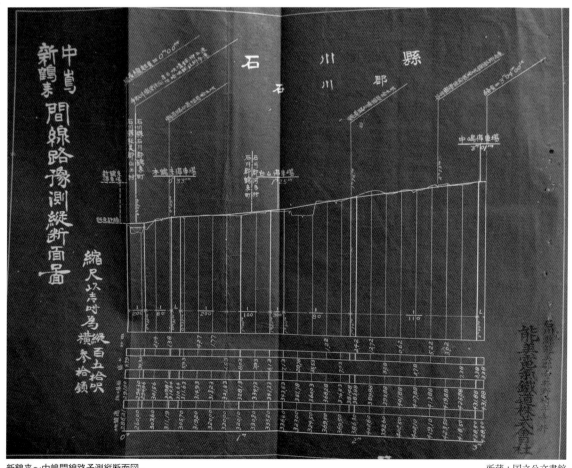

新鶴来～中嶋間線路予測縦断面図。
　　　　　　　　　　　　　　　　所蔵：国立公文書館

能美電の第一期開業時に始発駅となった本寺井駅。左には電車庫が見える。国鉄寺井駅は根上村に位置しており、寺井野村の中心はこの本寺井駅周辺であった。
1968.4 本寺井　P：風間克美

　新寺井方の工事施行認可申請を２度にわたって延期しているのは省線との連絡協定の締結に時間を要したためであった。この区間においても２回目に延期した期限の前日、1925（大正14）年１月14日に工事施行認可申請がなされた。
　この間、車輌に関して４輪電車３輌、有蓋貨車２輌、無蓋貨車３輌の車輌設計認可が1924（大正13）年10月３日に申請がなされ、10月30日に認可となった。また、工事施行認可申請時の佐野は加賀佐野に、石子湯谷は湯谷石子に1925（大正14）年３月18日届出で改称された。

■本寺井～辰口間開業
　最初に開業したのは1925（大正14）年３月21日の本寺井～辰口間（３月20日認可）で、その前日の３月20日に竣工監査がなされている。

　　　　　　　　　大正拾四年参月弐拾日
　　　　　　　技師　佐橋　信一
　　　　　　　属　　佐藤　繁蔵
　　　　　　　技手　小島鍬三郎
　　　　　　　技手　野元　秀隆
能美電氣鐵道株式會社
　　　本寺井辰口間線路敷設工事竣工監査報告
　竣工線路ハ石川縣能美郡寺井野村本寺井停車場（新寺井起点弐哩弐拾参鎖八拾節）ヲ起点トシ同縣同郡山上村辰口停車場（新寺井起点五哩五拾壱鎖参拾節）ニ至ル延長参哩弐拾七鎖五拾節ニシテ地勢平坦、橋梁径間参拾呎壱連ヲ架セルノ外工事ノ著キモノ無シ
　本區間ハ大体竣功ヲ告ゲ電気其他ノ運轉、運輸設備モ概完成セリ
　右線路工事ノ概要ハ別紙工事方法概略書及諸表ノ如シ
　運輸ニ関スル設備中未整備ノモノアルニ對シテハ別紙ノ通リ請書ヲ徴シ之ヲ整備セシメタリ
　第壱号電動客車ニ荷重ヲ満載シ所定速度（壱時間平均弐拾哩）ヲ以テ走行セシメタルニ線路、車輌、電氣設備共異状無ク運轉セリ
　車輌ノ内電動客車第二号及無蓋貨車三輌ハ開業區間ニハ未回送ナルモ省線寺井驛ニ到着シ居リテ各部ノ状態ハ検査ノ結果ハ良好ト云ヒ得ベク本寺井驛迄陸路約四十町ノ輸送ニ関シテモ鋭意努カノ實ヲ認メ得ルテ以テ別紙追申ノ通リ三月二十五日迄豫備客車ノ設備ヲ欠クノ件ハ事情已ムヲ得ザルモノト認メラル
　依ッテ本區間旅客取扱ニ限リ運輸開始ノ件支障ナシト認ム
　追ッテ貨物運輸ニ関シテハ會社ヨリ貨車、本寺井驛到着ノ旨届出ノ上ハ支障ナシト認ム
　列車保安方式は票券式で、駅は本寺井停車場、末信停留場、加賀佐野停車場、湯谷石子停車場、徳久停車

場、上開發停留場、辰口停車場。変電所は徳久で、停車場には貨物取扱の設備と電話機の設備があった。

1925(大正14)年3月21日の開業後、同年4月11日に仮線敷設工事認可申請が提出された。これは湯谷石子〜徳久間の中間から分岐する仮線を敷設して、土取場から延伸工事区間に土砂を搬出するためであった。この認可申請書には、興味深い点があり、申請者が代表取締役社長酒井芳ではなく、専務取締役小川徳三郎となっている。

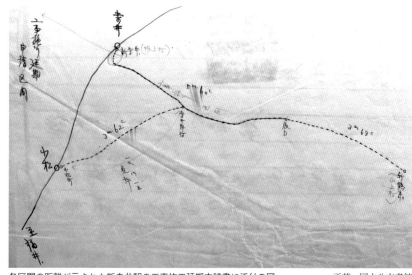

各区間の距離が示された新寺井駅の工事施工延期申請書に添付の図。　　　所蔵：国立公文書館

能美電気鉄道株式会社の初代社長は酒井芳であったが、能美郡郡会議員で衆議院議員の経験を持つ神田重義が経営に意欲を示していた。神田は小川徳三郎と組んで酒井と対立した模様で、酒井は神田に疑念を持っていた。公文書館には1925(大正14)年1月14日に金澤地方裁判所より「能美電氣鐵道株式會社株主側ト會社側トノ紛争ノ為検査役選任ニ関シ」鉄道省への照会の記録が残る。その要旨を抜粋すると、寺井辰口間工事実施に当たり公入札ではなく重役と関係のある第三者

第二期開業区間にあたる灯台笹ー岩本間。加賀平野を走る電車の車窓にも、このあたりまで来ると眼前に山々が迫ってくる。
1980.3　灯台笹ー岩本　P：寺田裕一

新鶴来開業から約2ヶ月余後に開業した新寺井駅。国鉄寺井駅前に位置したが、発着線は開業時から廃止まで1本のみであった。
1980.5.4　新寺井
P：寺田裕一

に高価な指名請負を行ったこと、起点の寺井駅より工事を始め終点に向かって進行するのではなく中間約3マイルを竣工させたのは重役等が特別の目的および利益の為ではないか、現に車輌は寺井駅に放置されている、その他金銭のやり取りなどが記されている。このように重役間で紛争があった模様で、酒井は神田を提訴している。この時点では実権は酒井芳ではなく、小川徳三郎に移っていたと思われる。

　貨物運輸営業開始認可申請は1925（大正14）年4月20日、認可は5月14日であった。

■辰口～新鶴来間開業

　辰口～新鶴来間は、1925（大正14）年5月23日申請、6月4日認可・6月5日実施で開業した。

　列車保安方式は票券式で、新設駅は来丸停留場、火釜停留場、岩内停車場、三口停留場、宮竹停車場、灯台笹停留場、岩本停留場、新鶴来停車場。停車場には貨物取扱の設備があった。岩内停車場は常駐の職員は省略し、宮竹停車場は駅長1・駅手1、新鶴来は駅長1・駅手2の配置であった。駅の勤務時間は列車運行時間帯の午前6時から午後11時までの17時間勤務で、4日連続して勤務して5日目休養と、かなり過酷な勤務であった。

　省線寺井停車場接続部分の協議が遅れていた新寺井－新寺井起点0哩5鎖間の工事施行認可は1925（大正14）年2月4日で、工事着手は同年2月13日、工事竣工期限は新寺井起点0哩5鎖～本寺井間に合わせて同年7月15日であった。しかし、その期限までの竣工はできなくなり、2か月延長して1925（大正14）年9月15日までとした。延長申請時点での工程の進捗状況は、用地99％、土木90％、橋梁90％、軌道30％、停車場90％、電力路線70％であった。

■新寺井～本寺井間開業

　新寺井～本寺井間は、1925（大正14）年8月12日認可・8月13日実施で開業した。

　列車保安方式は票券式で、新設駅は新寺井停車場、濁池停留場、加賀福岡停留場、中ノ庄停留場、五間堂停留場、寺井西口停留場であった。新寺井以外のすべての停留場は乗降場のみで、上屋もなかった。

　能美電気鉄道初代社長の酒井芳は、開通の喜びを「能美電試乗の歌」として残していて、要約が2014（平成26）年3月に能美市教育委員会から発行された『能美電ものがたり』に掲載されている。末信駅を牛島駅としたり、石子駅と湯谷駅を別の駅のように表しているところに疑問は残るが、当時の沿線の状況をよく表していると思われる。

「新寺井駅は駅前に柳家があり、小料理、酒が楽しめる。浜と松林が美しい加賀舞子や根上の松が近い。

　出発して間もなく線路は大きく曲がり濁池駅を通過する。根上には機業場が数工場あり500数余の織機があり、500数余の女工がいる。加賀福岡駅には能美産業銀行がある。田園の中を中ノ庄駅、五間堂駅を過ぎれば、寺井西口駅に着く。

　本寺井は九谷の本場で、大問屋が軒を連ね、商人が数百に満たんとしており、能美北部の商業物資の中枢である。

　牛島駅は猿田彦を奉る氏神様がある。

　加賀佐野駅は白地窯元数戸、絵付問屋が軒をならべ地元商人他国仕入商人が入りみだれている。

　石子駅には骨接医者に毎日数百の怪我人が来て町を豊か

にしている。湯谷駅には温泉宿2軒、湯女20人。製陶の硬質陶器、煉瓦、九谷窯など産額が多い。

徳久、上開発を過ぎれば辰口駅に着く。

辰口温泉には、温泉宿が軒を並べ四六時浴客が絶えず、100余名の湯女芸妓がいる。

来丸、火釜を過ぎると加賀岩内駅に着く。ここは宮竹用水の喉笛であり右手の山を越えれば七つ滝がある。三口を過ぎると宮竹で、ここには大造り酒屋がある。

灯台笹、岩本を過ぎれば新鶴来(天狗山駅)の終点であるが、天狗橋を渡れば鶴来で白山比咩神社があり、祈願成就のお礼参りをした～」

開業初年度である1925(大正14)年度の営業成績は、旅客228,510人、貨物3,648t、営業収入32,914円、支出25,254円、益金7,660円。通年営業の昭和元年度旅客498,980人、貨物13,303t、営業収入82,961円、支出59,663円、益金23,298円で、上期は6分、下期は5分配当で、好調な滑り出しであった。

因みに昭和元年度の北陸地方の他私鉄の経営状況は表1の通りであった。

これによると、能美電気鉄道の旅客輸送人員は、路線長に勝る富山県営鉄道(現在の富山地方鉄道不二越・上滝線と立山線の一部)や、白菊町～鶴来間の金沢電気軌道(現在の北陸鉄道石川線)より多いことがわかる。貨物輸送量も能登鉄道(後の北陸鉄道能登線)と同等で、沿線の経済活動の活況がうかがえる。

貨物が活況を呈したこともあって、1925(大正14)年10月に停留場の停車場への変更がなされている。新たに停車場となったのは、加賀福岡、五間堂、末信、上開発、灯台笹の5駅であった。また、1926(大正15)年5月20日車輛購入認可申請・5月26日認可・6月2日竣功届で、鉄道省から10t積のワ50000形56607とト13190形13263を譲り受けてワ103・ト204とした。これで有蓋貨車は10t積1輛・12t積2輛、無蓋貨車は10t積1輛・12t積3輛となり、この陣容は金沢電気軌道合併時まで続く。

旅客の好調から、2件の届け出がなされている。1926(大正15)年6月6日に乗降客増加の為に寺井西口停留場の旅客ホーム拡幅届、10月2日に湯谷石子停留場の構内拡張届がなされて行き違い駅となった。

1926(大正15)年8月の重役改選登記では取締役社

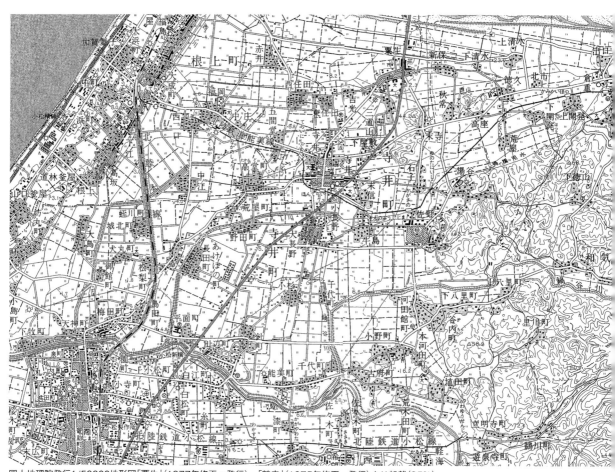

国土地理院発行1/50000地形図「粟生」(1977年修正・発行)、「鶴来」(1975年修正・発行)より転載(85%)

表1　北陸地方の地方鉄道一覧（昭和元年度）

出典：鉄道統計資料

会社名	区間	哩程	旅客（人）	貨物（噸）	営業収入（円）	営業支出（円）	益金（円）	政府補助金（円）	輸送密度（人/km日）
立山鉄道	滑川～立山	13	636,123	21,239	119,298	77,319	41,979	16,234	614
加越鉄道	石動～青島町	12.1	567,520	54,823	165,643	80,054	85,589	18,188	639
富山県営鉄道	南富山～千垣	12.1	361,098	16,385	80,181	80,365	▲184	72,315	448
富山鉄道	富山～笹津	10.8	380,655	137,870	217,767	112,166	105,601	0	539
富岩鉄道	富山～岩瀬浜	5.1	737,700	0	72,700	60,826	11,874	26,384	1,475
黒部鉄道	三日市～宇奈月	10.7	629,486	44,947	220,441	132,794	87,647	0	796
越中鉄道	聯隊橋～打出浜	5.2	580,188	2,393	67,252	45,892	21,360	0	387
温泉電軌	河南～粟津温泉	8.3	758,970	4,835	68,665	43,634	25,031	0	400
金沢電気軌道	白菊町～鶴来	9.1	386,435	47,745	112,508	81,300	31,208	0	477
能登鉄道	羽咋～三明	15.8	163,909	13,270	71,050	57,612	13,438	44,186	314
横山礦業部	尾小屋～新小松	10.4	190,266	21,157	73,769	59,181	14,588	0	284
金名鉄道	白山下～神社前	11.7	90,501	6,075	40,087	22,803	17,284	0	239
浅野川電気鉄道	金沢駅前～新須崎	3.8	791,700	527	87,129	40,915	46,214	0	1,858
能美電気鉄道	新寺井～新鶴来	9.8	498,980	13,303	82,961	59,663	23,298	40,116	439
京都電燈	新福井～大野三番	22.5	1,405,155	71,554	507,891	246,236	261,655	0	1,250
福武電気鉄道	武生新～福井市	11.3	1,274,588	11,812	186,685	114,583	72,102	57,759	1,534
南越鉄道	新武生～戸ノ口	8.9	332,042	11,029	91,093	52,320	38,773	15,697	549
丸岡鉄道	上新庄～本丸岡	2.6	291,740	9,914	39,963	27,364	12,599	0	763
鯖浦電気鉄道	東鯖江～佐々生	5.9	55,171	1,086	8,046	31,200	▲23,154	13,529	327
永平寺鉄道	永平寺口～永平寺門前	3.6	202,932	2,025	39,563	45,281	▲5,718	23,671	458

長酒井芳の辞任と取締役小川徳三郎の再任が記されている。1926（昭和元）年度末の経営者は、代表取締役社長：神田重義、取締役：田中仁三郎・小川徳三郎・前田正秀であった。この後神田重義は小川徳三郎とも対立した模様で、会社は神田派、小川派に分かれ、1928（昭和3）年1月に金澤地裁の調停で和解するに至った。

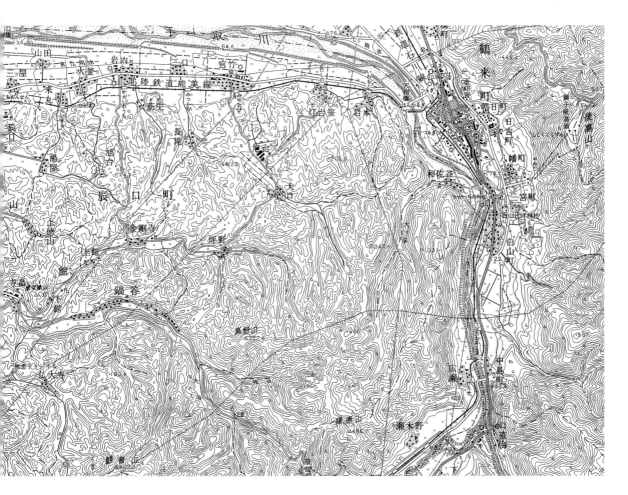

2. 鶴来延伸

■鶴来延伸

1925(大正14)年11月4日に鶴来延伸に伴う線路変更敷設許可申請が提出された。

　　　　　　　　石川縣能美郡寺井野村
　　　　　　　　能美電氣鉄道株式會社
　　　　　　　　専務取締役　小川　徳三郎
鐡道大臣　仙石　貢殿
　　　　　線路變更敷設許可申請
　弊鐵道線路終点ハ石川縣能美郡山上村字岩本地内ノ所別紙理由ニ依リ今般（測量哩程）十哩ノ地点ヨリ同十哩十二鎖五十節間ノ線路位置ヲ変更シ同節ヨリ石川郡鶴来町地内ニ延長敷設致度候間御許可度此段添申候也
　追テ線路ノ変更ニ伴ヒ現岩本停留場位置ヲ変更シ同時ニ十哩十二鎖五十節ヨリ現終点ニ至ル既設線ハ将来石材砂利川石等ノ積出線トシテ使用スルコトニ致度実条併テ御許可相成度候

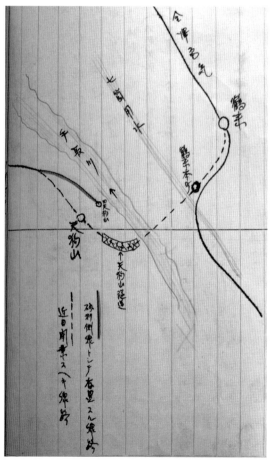

天狗山駅変更の申請書類に添付された図。かなり抽象的なもので、天狗山駅が全く別の位置になるように描かれている。当初の「古町」として予定された停留場はこの時点で「鶴来本町」となっているが、開業時には本鶴来となった。　　　所蔵：国立公文書館

　　　　　理由書
　當鐵道本来ノ使命トシテハ完全ニ石能両郡交通ノ連鎖トナリ兼テハ白山山麓ノ開拓ニ貢献スルニアルコト勿論ノ義ニ御座実所現在ノ終点ハ鶴来町トハ川ノ隔テ相對スル状態ニテ交通交通運輸ノ連絡上多大ノ不便ヲ感スル所ニ有之到底交通機関ノ使命ヲ完ヲスルコト能ハサルノミナラス會社将来ノ盛衰ニモ関スル所ニ付終点ヲ石川郡鶴来町ニ延長シ以テ當鐵道有終ノ美ヲ済シトスル所以ニ御座候

　これに対しての石川県知事の副申は次の通り。
　　　　　　　　　大正十四年十二月一日
　　　　　　　　　石川縣知事　長　延連
鐡道大臣　仙石　貢殿
　　　地方鐵道線路變更並延長ノ件申請ニ付副申
　管下能美電氣鐵道株式會社ヨリ今般別紙提出候處事實交通運輸ノ連絡上一般ニ多大ノ不便ヲ感スル所ナレハ本件ハ極メテ適切ナル計画ニシテ地方交通産業ノ發達ニ裨益上下勘モノト被認候條御免許相成様致度候也

　「石川縣能美郡山上村ヨリ石川郡鶴来町ニ至ル鐵道ヲ敷設シ旅客及貨物ノ運輸営業為スコト」は1926(大正15)年5月24日に免許となった。

　鶴来延長線には天狗山隧道と手取川橋梁の難工事を伴い、綿密な計画がなされ、1931(昭和6)年6月12日に工事施行が認可となり、7月12日に工事着手となった。工事施行申請時での計画では停車場および停留場については次のように記されている。

岩本停留場
　現在ノ乗降場ノ擁壁ニ改良工事ヲ施行ス
新鶴来停車場
　現在建物ノ内驛舎ヲ古町停留場ニ移轉シ中待合所上屋ヲ変更　新停車場ノ中待合上屋ニ移築シ残余ハ之ヲ現在ノ儘トナシ変更　新停車場ノ所管トナス
古町停留場
　右ヲ新設シ現在ノ新鶴来停車場ノ驛舎ヲ移轉ス
鶴来停車場
　金澤電氣軌道株式會社鶴来停車場ヲ共用ス

　工事認可段階の新鶴来停車場は天狗山停車場に、古町停留場は鶴来本町停留場に改称され、1931(昭和6)年12月に変更届が出された。1931(昭和6)年12月18日に天狗山停車場仮設工事施行届が提出され、構内改良工事施行中、停車場本屋を撤去して貨物上屋を改造（待合室・事務室・貨物取扱場に3等分）して駅務を執行することと、出発信号機を移設することとした。
　1931(昭和6)年12月18日届出で宮竹停車場の構内配線と信号を変更した。これは、鶴来延長線工事竣工に伴い行き違い駅とするためであった。
　1931(昭和6)年12月30日付で工事方法書中一部変

天狗山隧道をぬけて手取川を渡る鶴来行電車。天狗山隧道の延長は212.7mであった。　　　1973.6.16　岩本一本鶴来　P：荻原俊夫

更認可申請が提出された。その内容は次の通り。
一、ポイント一個新設ノ件
　元天狗山停車場配線ニ分岐ノ為メ延長零粁四百十米（新寺井起点十五粁四百三十六米八三）ニ於テ「ポイント」一個新設セントスルモノニシテ転轍、轍叉、枕木ハ既認可通リノモノ使用
二、天狗山元停車場構内配線ヲ変更ノ件
　施行認可ニ依ル同驛配線ハ全部撤去ノコトトナリ居ル處同箇所ハ手取川産砂利採収場ニ近接ノ為メ営業線保修用砂利取扱ノ便利上一部撤去、残余ハ存続スルコトトス
三、隧道延長ノ件
　延長零粁七百三十七米六六〇ヲ天狗山隧道入口トシ前設計ノ天狗山第一、天狗山第二隧道ヲ連絡スルコトトシ零粁九百五十米三六〇ヲ天狗山隧道出口トス　依ツテ隧道総延長ヲ二百十二米七〇〇ト変更ス

■小松延伸の免許失効
　1924（大正13）年8月15日に免許となった寺井野村（本寺井）～小松町間の工事施行認可申請期限は1925（大正14）年2月14日であったが、期限内の申請が不可能となり、1年間の申請期限の延長が許可された。1926（大正15）年2月8日に2度目の工事施行認可申請期限延期願が提出されたが、「指定ノ期限迄ニ工事施行認可申請ヲ為ササル為免許ハ其ノ効力ヲ失ヘリ」となった。その理由として次の記載がある。

　本會社線ハ既ニ寺井駅ニ於テ省線ト連絡シ居ルヲ以テ更ニ本延長線ニヨリテ省線ト連絡スル必要ナク寧ロ本延長線ニ代ヘテ鶴来連絡線ヲ敷設（別途免許案伺）スルヲ經營上得策ト認ム
　免許失効は鶴来延伸が免許となった2日後の1926（大正15）年5月26日であった。

■埴田延伸
　1926（大正15）年5月31日に加賀佐野から分岐して国府村（埴田）に至る1哩68鎖が申請された。
　1926（大正15）年12月23日に石川県知事から提出された添申の概略は次の通り。
一、申請者ノ資産及信用程度
　申請者ハ資本金六拾萬円ノ既設鐵道會社ニシテ客年省線寺井停車場前ヨリ石川郡鶴来町附近ニ達スル鐵道ヲ開通シ目下尚鶴来町ニ連絡スル延長線敷設準備中ニアリ信用厚シ
二、事業ノ成否
　（略）能美郡国府村ハ比較的人家稠密ナルト共ニ農業ノ外機業、窯業亦盛ニ行ハレ且鍋谷川ノ上流山間部ヨリノ陶土、木材ノ産出夥シク貨客ノ出入常ニ頻繁ナレハ同社ノ既設加賀佐野驛ヨリ此ノ方面ヘ支線ヲ延長スルハ極メテ適切ナル計画ナル而己ナラス線路予定ケ所ハ地勢良好ニシテ工事亦容易ナルヲ認メラレ成功ノ見込アリ
三、事業ノ効用
　（略）舘、河田附近ハ九谷焼ノ本場トシテ有名ナル寺井及

佐野方面トハ特ニ密接ナル関係ヲ有スルモノニ付本鐵道ノ延長ハ地方産業ノ発展ニ益スル所尠カラサルヲ認メラレ将来更ニ既免許ノ白山鐵道及本年本月二十三日附別途進達ニ係ル加賀電気鐵道ト併立シテ交通運輸ノ連絡ヲ図ルトキハ地方開發ノ基調トナリ多大ノ効果ヲ斎スヘシ　尚本支線ハ加賀電気鐵道ノ実現ヲ見タル場合既営業線ニ受クル幾分ノ打撃ヲ或程度迄緩和シ得ルノ効果アルモノト認メラル
四、他ノ鐵道又ハ軌道ニ及ホス影響
　同社ノ既設開業線ニ對スル営養線線、防衛線トナル外ニ何等ノ影響ヲ及ボスコトナシ
四、其他必要ト認ムル事項
（略）

　また、会社から提出された「支線布設ノ必要理由書」には、表2の収支計画が記されている。

表2　支線布設の必要理由書　収支計画

旅客収入	7,594円
貨物収入	7,257円
運輸雑収	480円
収入合計	15,331円
営業費	3,900円
益金	11,431円
建設費	190,000円（建設費に対する益金割合　6.0%）

運輸数量表

駅名	旅客	貨物
佐野		
河田	100,920人	27,300屯
埴田	68,060人	18,000屯

　しかし、加賀佐野〜埴田間延伸は、1927（昭和2）年7月19日に却下された。その理由は次の通りで、参考として加賀佐野と湯谷石子の輸送実績（表3）が記されている。

　本出願線ハ同社鐵道既成線加賀佐野ヨリ分岐シテ国府村ニ至ル延長一哩九分ノ支線ヲ敷設セムトスルモノナルモ目下ノ交通状態ニ於テ急施ノ要ナキモノト被認

　会社の計画と比べると、貨物の予想数値が大きく異なっていることが判る。

表3　加賀佐野・湯谷石子駅輸送実績

		年	一日平均
佐野駅	客	64,610人	177人
	貨	4,452屯	12屯
石子駅	客	56,561人	155人
	貨	1,697屯	5屯

■鶴来延長線開業

　1931（昭和6）年6月13日工事施行認可の鶴来延長線は、同年7月12日に着工された。工事期間中に、いくつかの認可申請がなされている。1931（昭和6）年12月18日に、鶴来本町停留場に貨物積込場を設けて停車場にすることの認可申請。1931（昭和6）年12月30日には、旧天狗山駅を砂利側線として存置させることと、天狗山隧道に関することの認可申請。さらに、金沢電気軌道所属車輌の直通運転認可申請。申請書には「今般弊鐵道儀鶴来延長工事竣工ニ付鶴来駅ニ於テ金澤電氣軌道株式會社ト連絡可致ニ付同會社所属左記車輌ヲ弊會社線内ニ直通運転致シ度候御認可被成下度候」とある（表5）。

　鶴来延長線の開業は

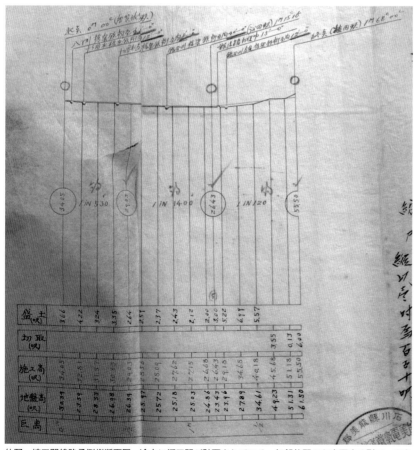

佐野〜埴田間線路予測縦断面図。途中に河田駅が計画されている。加賀佐野から南下する形で、のちの小松線鵜川遊泉寺の方向を目指すものであった。
所蔵：国立公文書館

表5　金沢電気軌道所属車輌の直通運転認可申請

車種	形式称号	記号番号	自重
半鋼製客荷合造四輪ボギー電動客車	101	デホニ101	25屯
		デホニ102	同
		デホニ103	同
		デホニ104	同
四輪ボギー電動客車	56	デホ56	14屯75
四輪有蓋貨車	ワ7	ワ7	7屯5
		ワ8	同
		ワ9	同
四輪無蓋貨車	ト5	ト5	6屯1
		ト6	同
		ト7	同

1932(昭和7)年1月16日であった。1931(昭和6)年12月30日申請の金沢電気軌道所属車輌の直通運転は1932(昭和7)年2月6日に認可となり、5月1日より直通運転を開始した(5月6日届出)。これらの記録から金沢電気軌道の車輌は能美電気鉄道に入線したが、能美電気鉄道の車輌が金沢電気軌道に乗り入れたかは定かではない。少なくとも金沢市内～鶴来～新寺井間で日常的に相互直通運転を行うような状況ではなかったと推察する。

■新寺井～鶴来間全通後の能美電気鉄道

1932(昭和7)年11月30日届で加賀佐野駅小荷物扱所新設、1934(昭和9)年5月10日自動弾機式轍差施設認可申請で、辰口駅構内の重錘式取換式転轍器を自動弾機式轍差(=スプリングポイント)に変更。自動弾機式轍差は、1934(昭和9)年11月30日届出で本寺井と宮竹にも導入された。

1934(昭和9)年7月11日の豪雨によって、手取川堤防が決壊して路盤が流出し、手取川橋梁は流された。この復旧は1935(昭和10)年4月20日であった。復旧開業2日前の1935(昭和10)年4月18日付けの技手富田恵吉による「手取川橋梁及前後取付竣工監査報告」には、以下のように記されている。

竣功建造物ハ手取川橋梁及天狗山隧道ノ一部ニシテ昨年七月洪水ノ際手取川橋梁流失セシ為工事方法変更ヲシテ復旧工事ヲナセルモノニシテ竣功　手取川橋梁ハ流出セシ　旧橋梁ヨリ標高ヲ嵩上セリ　是ニ伴ヒ橋梁前後ノ線路取付ノ為本橋梁ニ連ナル天狗山隧道内一部ノ施工基面高ヲ変更セルモノナリ。尚手取川ハ内務省ニ於テ改修工事ヲ施行スル計画ナルモ其ノ設計未ダ確定セザル為改修工事関係区間ノ線路ハ築堤及仮橋梁トナセルモノナリ

竣功区間ノ工事方法ハ別紙工事方法概要及諸表ノ如シ。本建造物ノ内仮橋台ノ一部ハ四月十五日夜手取川出水ニ依リ仮橋台ヨリ上流部分護岸工事ノ損傷ニ伴ヒ水害ヲ受ケ復旧工事中ナリ(十六日現在)

又「プラット」構桁中ニ軌条面食違ノ甚ダシキ継目一箇所

手取川橋梁を渡る電車。1932年に開業した天狗山～鶴来間であったが、2年半後には豪雨により流失、改築を余儀なくされた
1980.5.5　岩本一本鶴来　P：寺田裕一

存セリ

依テ仮橋梁ヲ除キ第三橋脚ヨリ天狗山方工事竣工区間ヲ電動客車ニ荷重積載ノ貨車一輛ヲ連結シ走行セシメタルニ前記軌条面食違箇所ヲ除キ安全運転ナリ

依テ添付請書記載ノ事項整備ノ上ハ使用開始支障ナシト認ム

こうして、4月20日に営業運転を再開した。

1935(昭和10)年5月12日から寺井西口～本寺井間(新寺井起点3.3km)に自動車連絡停留場が新設された(5月24日届)。理由書には「今般弊鐵道ニ於テ粟生、小松間旅客運輸自動車業兼営ノ為メ自動車、電車連絡客乗降ノ為メ設置ノ必要ヲ認メタルニ因ル」とある。これに関しては、5月25日、本寺井駅構内に自動車車庫を新設することを届けている。

『北鉄の歩み』には、能美電気鉄道のバス事業については、次の記述がある。

「また、鉄道線の小松延長計画は、バス事業の経営で当たることにして昭和10年(1935)4月27日、林光義経営の小松～粟生間の旅客自動車運輸事業の譲り受け認可を得た。同年7月30日、資本金20万円の能美電バスを設立、翌11年(1936)には小松町に支店を設けてバス事業の拡張をはかった。」

同年5月31日届出で天狗山砂利線を撤去。11月31日には新寺井駅に売店を新設する届が出されている。

鶴来の街を後に新寺井に向かう電車。この後すぐに手取川を渡った。後方に見える鉄橋は石川線。　1973.6.16　本鶴来－岩本　P：荻原俊夫

　1937(昭和12)年5月31日届で湯谷石子に第二石炭卸場新設。1937(昭和12)年10月13日付けで、手取川仮停留場設置が届けられた。
　今般内務省ニ於テ施行ノ手取川改修工事ニ伴フ天狗鉄橋幅員拡張工事施行中同箇所列車運転休止ノ不得止状態ニ立チ至リ候ニ付手取川右岸ニ仮停留場ヲ設置シ徒歩連絡開始致シ度(略)
　手取川橋梁改築工事中折返運転ヲナスタメ仮停留場設置、使用期限十三年一月末日迄
と記されている。

　1938(昭和13)年5月30日に四輪ボギー電動客車ホ301の車輌新造認可申請がなされた。理由書には「運転系統改善ノ為メ車輌一輌増備ノ必要生シタルニヨル」と記されている。購入届は8月27日。全長11,759mmと従来車に比べて大型で、同年10月27日届で従来木造擁壁で9m144であったホーム長をコンクリート擁壁ホーム長15mに変更している。対象停留場は濁池、来丸、火釜、三ツ口、灯台笹、対象停車場は上開発、岩内の計7か所であった。

能美電気鉄道各種統計の推移

年度	旅客(人)	荷物(千個)	貨物(屯)			輸送密度(人/km日)	営業収入(円)						営業費(千円)	営業損益(千円)	政府補助金	本社
			小口扱	車扱	計		旅客	荷物	郵便物	貨物	運輸雑収	計				
大正14	228,510	20	386	3,262	3,648	380	29,280	181	109	2,419	926	32,914	25,254	7,660	13,376	17
昭和元	498,980	72	1,867	11,436	13,303	439	66,131	1,629	573	11,525	3,102	82,961	59,663	23,298	40,116	7
2	525,564	73	2,309	13,562	15,871	496	71,379	2,012	1,011	15,554	3,030	92,986	69,588	23,398	32,707	6
3	496,946	86	2,344	18,555	20,899	450	69,578	2,062	1,008	17,885	1,761	92,294	68,600	23,694	32,128	5
4	483,750	80	2,258	14,414	16,672	437	67,138	1,987	1,008	16,395	1,942	88,470	66,861	21,609	34,653	5
5	437,113	64	2,042	10,389	12,431	388	59,358	1,925	1,008	13,345	1,116	76,752	61,804	14,948	40,613	5
6	378,850	62	1,929	9,157	11,086	338	51,013	1,875	871	12,922	1,125	67,806	56,793	11,013	35,229	8
7	370,692	55	1,829	9,239	11,068	339	51,760	1,788	841	12,887	1,047	68,324	52,188	16,136	42,059	5
8	378,143	65	2,527	13,442	15,969	360	54,537	2,014	840	15,489	1,202	74,082	61,317	12,765	44,330	5
9	388,711	64	3,447	14,225	17,672	349	54,440	2,166	838	17,540	1,285	76,268	76,739	▲471	44,416	4
10	438,569	65	2,752	16,493	19,245	393	59,650	2,227	840	18,888	2,119	83,724	47,325	36,399	25,272	3
11	477,313	69	3,219	16,875	20,094	419	64,271	2,470	840	21,948	2,559	92,088	58,099	33,989	8,715	4
12	557,673	62	2,627	19,035	21,662	510	72,728	2,283	840	23,084	3,605	102,540	61,302	41,238	10,527	4
13	561,358	66	2,954	17,560	20,514	512	72,861	2,271	840	21,776	20,433	118,181	63,461	54,720	12,351	4
14	487,329	33	2,298	10,849	13,147	669	57,441	1,805	560	14,914	2,045	76,765	55,165	21,600	9,794	－

※大正14・昭和元年度の単位は哩(マイル)

3．金沢電気軌道に譲渡

■能美電気鉄道解散

能美電気鉄道は1939（昭和14）年6月17日の臨時株主総会で金沢電気軌道に68万5,561円1銭で譲渡することを決議した。理由書には「鶴来駅を共同使用駅として連絡しているが、経営主体が異なるため会社経営上無駄が多く、利用者にも不便であり、地方交通調整の見地から両社協議の結果である」としている。

小松駅前～美川町ほか5路線53.1kmの営業を行っていた能美電バスも同時に金沢電気軌道に譲渡。能美電気鉄道の金沢電気軌道への営業譲渡日は1939（昭和14）年8月1日であった。

■金沢電気軌道の概略

金沢における鉄軌道は、官営鉄道開業前の1898（明治31）年2月5日、後の北陸鉄道金石線の前身にあたる馬車鉄道が開通している。

敦賀からの官営鉄道北陸線が小松に通じたのが1897（明治30）年9月20日、小松～金沢間開業は1898（明治31）年4月1日、七尾鉄道津幡～七尾間および七尾～矢田新間開業は同年4月24日、北陸線金沢～高岡間開業は同年11月1日であった。

官営鉄道金沢停車場は市街地から離れた場所に造られたため、市街地との間は人力車が足となった。市内電車軌道敷設の話が持ち上がったのは1909（明治42）年で、1911（明治44）年3月16日に北陸電気軌道設立が出願された。社名を金沢電気軌道に改称したのは1913（大正2）年6月22日で、11月27日に株式募集に着手した。大正初期に150万円（3万株）の資金を集めることは容易ではなく、旧藩主の前田家、旧加賀藩の家老職にあった横山家など発起人と賛成有志が大半を引き受け、1916（大正5）年10月29日に金沢電気軌道が設立された。

金沢駅前～兼六園下間の開業は1919（大正8）年2月2日で、同年7月13日に兼六園下～香林坊～犀川大橋間、武蔵ヶ辻～香林坊間、兼六園下～小立野間が開業した。

このように金沢の市内電車の原形を構築した金沢電気軌道であったが、その一方でより一層の発展を目指して電力供給事業やその他の多角経営に乗り出していく。鉄軌道業においても金沢市街地と松任を結ぶ松金電車鉄道を1920（大正9）年3月25日に、馬車軌道であった金野鉄道を同年7月15日に合併した。金野鉄道の合併は石川鉄道合併のための布石であり、金野線を介して石川鉄道と市内線を連絡させ、石川鉄道沿線から産出される穀物、石材、木材などの資源を市内へ輸送することを目指した。

新野々市（現・新西金沢）～鶴来間の石川鉄道は1921（大正10）年8月1日に1,067mm改軌と600V電化を実施。金沢電気軌道は石川鉄道を1923（大正12）年5月1日に合併。それに先立ち金沢電気軌道は1922（大正11）年10月1日に旧金野鉄道の馬車鉄道線西金沢（後の白菊町）～新野々市間を廃止し、地方鉄道線として軌間1,067mm・600V動力で再開業。こうして金沢電気軌道石川線は白菊町～鶴来間を直通することとなった。

金沢電気軌道時代に石川線は白菊町～神社前（後の加賀一の宮）間直通となった。これは鶴来～白山下間の金名鉄道のうち鶴来～神社前間を1929（昭和4）年3月11日に買収し、同年9月14日に電化を行ったことによる。

鉄道従業員(人)				車輛									列車走行距離(キロ)※					年度
				電動客車		有蓋貨車			無蓋貨車			計	客車走行	貨車走行				
運輸	土木	電気	計	輛数	定員	10t積	12t積	小計	10t積	12t積	小計			自己車輛	他鉄道車輛	合計	自己車輛他鉄道走行	
28	7	12	64	3	120		2	2		3	3	8	57,636	6,023	—	6,023	4,976	大正14
30	10	15	62	3	120	1	2	3	1	2	3	10	107,184	20,058	6,077	26,135	9,247	昭和元
34	11	10	61	3	120	1	2	3	1	3	4	10	169,544	36,624	10,425	47,049	9,253	2
32	11	11	59	3	120	1	2	3	1	3	4	10	169,195	21,133	18,017	39,150	12,242	3
35	11	11	62	3	120	1	2	3	1	3	4	10	179,667	21,271	17,086	38,357	39,302	4
33	11	11	60	4	172	1	2	3	1	3	4	11	190,532	31,413	8,653	40,066	20,157	5
33	13	11	66	4	172	1	2	3	1	3	4	11	195,457	33,599	11,595	45,194	30,712	6
27	12	12	56	4	172	1	2	3	1	3	4	11	212,723	27,832	11,672	39,504	34,699	7
26	11	11	53	4	172	1	2	3	1	3	4	11	197,471	28,285	13,476	41,761	39,355	8
				4	172	1	2	3	1	3	4	11	171,380	25,418	14,126	39,544	25,069	9
31	8	10	52	4	172	1	2	3	1	3	4	11	179,723	28,210	18,143	46,353	24,841	10
27	8	10	49	4	172	1	2	3	1	3	4	11	182,032	35,207	17,385	52,592	24,235	11
29	11	10	54	4	172	1	2	3	1	3	4	11	185,398	31,886	22,762	54,648	31,097	12
30	12	11	57	5	242	1	2	3	1	3	4	12	186,026	38,090	13,407	51,497	21,483	13
—	—	—	—	—	—	—	—	—	—	—	—	—	122,405	18,740	12,297	31,037	25,715	14

新寺井駅で入換に使用されるEB121（元能美電1）。この後にボギー車化された。左で雪を被っているのは伊那電デ120形を出自とするクハ1151。　　　　　　　　　　　　　　　　　　　　　　　　　　　　1968.4　新寺井　P：風間克美

column 能美電気鉄道時代の車輌とその後

　能美電気鉄道時代の在籍車輌は電動客車5輌、有蓋貨車3輌、無蓋貨車4輌であった。その後会社は金沢電気軌道、北陸合同電気、そして北陸鉄道と変化するが、戦後まで車番は変わることなく引き継がれた。北陸鉄道全体の改番が実施されたのは1949（昭和24）年10月1日のことである。

■電動客車
●1形1〜3

　1〜3は、開業に合わせて1924（大正13）年10月3日車輌設計認可申請・10月30日認可で日本車輌で新造された。

　全長8m級・40人定員の単車でポール集電。1924

元能美電2であるEB122。ボギー車化され金石線で使用される晩年の姿。　　　　　　　　　1971.3.20　金石　P：藤本哲男

（大正13）年12月製が1と2で、3は1925（大正14）年12月製。開業時には1のみが現地入りし、2は省線寺井駅で搬入を待っていた。

　北陸鉄道に引き継がれた時点でデ1〜3となり、1949（昭和24）年の改番でモハ541〜543。電気機関車の称号であるEB121〜123となったのは1959（昭和34）年。その後全車ボギー化された。

　EB121は新寺井、EB122は白菊町で入換に従事。EB123は金石線に転じて金石駅の入換に従事した。

　EB122も晩年は金石線所属で、金石線が1971（昭和46）年9月1日に廃止されると廃車となった。またEB123は後年、出力増強されて

EB123（元能美電3）。こののち4個モータ化されED211に改番された。金石線中橋駅での撮影で、左にカーブするのは国鉄金沢駅への連絡線。　　1967.3.21　P：藤本哲男

ED211となり、EB122と同じく金石線が廃止されると廃車となった。

● 1形8

8は1930（昭和5）年6月日本車輌製。全長9m級・定員52人と1～3より一回り大きくなった。北陸鉄道に引き継がれてデ8となった。1949（昭和24）年の改番でモハ621。その後モヤ621、EB131を経て1966（昭和41）年7月にボギー化されてED231となった。長らく石川線で活躍し、新西金沢駅の貨車入換に使用された後、1970（昭和45）年に金石線入りした。金石線での使用は僅かな期間で、金石線自体が1971（昭和46）年9月1日に廃止されると廃車となった。

ED231（元能美電8）。新西金沢駅で入換用として使用中の姿。ボギー化とともに4個モータ化されたため「ED」を名乗った。　　　　　　　　　　　　1967.3.21　新西金沢　P：藤本哲男

● ホ形301

1938（昭和13）年8月27日購入届。木南製の半鋼製ボギー車で全長は11m級・定員70人。北陸鉄道となってデボ301となり、1949（昭和24）年の改番でモハ1201となったのち1955（昭和30）年頃に金石線に移り、1964（昭和39）年に小松線に転じた。

■貨車

有蓋のワ101・102は1924（大正13）年10月3日申請・10月30日に認可となった。空気制動管取付工事は1927（昭和2）年3月20日に金沢鉄道工場にて竣功、5月31日届出。1932（昭和7）年11月30日届出で貨車制動機用の車側踏み板取付。

ワ103は1926（大正15）年5月20日車輌購入認可申請・5月26日認可・6月2日竣功届で、鉄道省から10t積のワ50000形56607を譲り受けてワ103とした。

無蓋のト201・202・203は、1924（大正13）年10月3日申請・10月30日に認可となった。空気制動管取付工事は1927（昭和2）年3月20日に金沢鉄道工場で竣功、5月31日届出。1932（昭和7）年11月30日届出で貨車制動機用の車側踏み板取付。

ト204は1926（大正15）年5月20日車輌購入認可申請・5月26日認可・6月2日竣功届で、鉄道省から10t積のト13190形13263を譲り受けてト204とした。

■

なお、貨車については北陸鉄道統合後の推移は把握できていない。

モハ1201（元能美電301）。能美線、金石線、小松線と転じたが、元能美電の車輌のなかでは唯一最期まで旅客車であり続けた。　　　　1967.3.21　小松　P：藤本哲男

4. 北陸鉄道能美線

■北陸合同電気の誕生

能美電気鉄道が金沢電気軌道に譲渡される2年前の1937(昭和12)年7月には盧溝橋事件が発生、日中戦争から太平洋戦争へと、日本は激動の時代へと突入していった。1940(昭和15)年には国家総動員法が改正され、事業の統合・合併・解散といった企業の根幹に関わる部分も国家が統制管理するようになっていく。そして1941(昭和16)年には配電事業統合要綱が決定され、電力会社の統合が推進されることとなった。

北陸地方では大聖寺川水電、手取川水力電気、石川電力、小松電気、日本海電気、高岡電燈など12社が合併し、このなかに電力事業を手掛けていた金沢電気軌道も名を連ねることとなった。新会社は北陸合同電気と称し、1941(昭和16)年7月29日に発足、本社はその中心となった日本海電気の拠点であった富山市に置かれた。この結果、金沢電気軌道の交通部門は1941(昭和16)年8月1日に北陸合同電気の交通部門として再発足した。

しかし、発足間もない8月19日に公布された配電統制令により配電会社に兼営が禁止され、今度は交通部門の分離を迫られることとなった。

■初代北陸鉄道設立

配電統制令によって北陸合同電気の鉄軌道、バスなどの交通部門を分離する具体策は、法公布前後から検討が重ねられた。金沢市と地元財界は地元資本の新会社を設立するべく1942(昭和17)年のはじめから調整を本格化したが、評価額などで北陸合同電気と金沢側の調整がつかなかった。結局、北陸合同電気は、同社の全株主をもって資本金500万円の北陸鉄道を設立し、北陸鉄道は北陸合同電気所有の旧金沢電気軌道の鉄軌道、バスなどの交通事業を617万円で譲り受けることとなった。北陸鉄道(旧)の設立は1942(昭和17)年1月27日であった。

同じ頃、福井県でも1942(昭和17)年3月2日に京都電燈の鉄軌道部門が分離されて京福電気鉄道が設立された。京福電気鉄道は同じ年の8月1日に資本関係が強かった三国芦原電鉄と鞍馬電気鉄道を合併したが、資本関係が強くなかった永平寺鉄道と丸岡鉄道を合併したのは1944(昭和19)年12月1日であった。

■戦時統合による二代目北陸鉄道発足

1941(昭和16)年12月8日に日本が米・英両国に宣戦を布告し太平洋戦争に突入すると戦時統制はさらに強化され、陸運事業の統合要請が強くなる。1943(昭和18)年1月1日には富山県内の鉄道6社が合併して富山地方鉄道が発足したこともあり、石川県でも統合への圧力が強まったものの、北陸鉄道(旧)の資本の多くはその経緯から富山県資本が持っていたことから、統合は思うように進まなかった。

また、富山地鉄となった路線の多くは路線同士が近接していたし、京福に統合される福井地区の場合も同様であったのに対し、石川県下の鉄道はそれぞれ独立した線区が多く、統合の前提となる経済的合理性も欠いていた。

しかし、石川県としては、国からの、言わば至上命令ともいえる事業者の統合は進めるほかなく、北陸鉄道(旧)の富山県側の持つ株式の譲り受け工作を急ぎ、加能合同銀行の融資で解決。一方、他私鉄の経営者には、当局は圧力を行使して同意を取り付けたという。

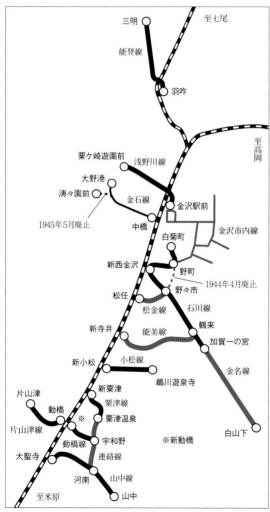

1945年10月、浅野川電気鉄道合併当時の北陸鉄道鉄軌道線概念図(細線は軌道線)。この時点で北陸鉄道の鉄軌道線の延長は実に140kmにおよんでいた。

こうして1943(昭和18)年10月13日、北陸鉄道(旧)、加賀温泉郷に路線を持つ温泉電軌、羽咋～三明間の能登鉄道、金名鉄道、金沢市内の中橋から大野港に至る金石電気鉄道、七尾交通、湯涌自動車の7社が合併して北陸鉄道(新)が設立された。残りの小規模バス会社19事業者の合併は1943(昭和18)年12月31日、小松～鵜川遊泉寺間の小松電気鉄道は少し遅れて1945(昭和20)年7月20日に営業権を譲受し、統合を拒み続けた浅野川電気鉄道の合併は戦後の1945(昭和20)年10月1日であった。こうして、日本鉱業系で産業色の強かった尾小屋鉄道以外の石川県の全ての鉄道事業者が北陸鉄道となった。

戦後の1945(昭和20)年11月29日には寺井野村佐野(加賀佐野)～国府村鵜川(鵜川遊泉寺)間4.0kmが免許となった。小松線側の鵜川遊泉寺～埴田～河田間は着工されていて、完成すれば能美線と小松線が結ばれることとなったが、1951(昭和26)年6月7日に免許は失効した。

■戦時下・戦後の能美線

能美電気鉄道から、金沢電気軌道→北陸合同電気→北陸鉄道(旧)→北陸鉄道(新)となった能美線は、多くの人と、特産の九谷焼をはじめとする多くの貨物を輸送した。戦時下と戦後に燃料事情が悪化して自動車交通が麻痺して、特に旅客輸送で鉄道が賑わったのは全国共通の現象であった。

旧金沢電気軌道の鉄道線であった白菊町～野々市～鶴来～加賀一の宮間は直通運転が原則で、旧能美電気鉄道であった能美線は新寺井～鶴来間の線内折り返し運転であった。また、加賀一の宮～白山下間の旧金名鉄道である金名線は非電化で、こちらも線内折り返し運転であった。

石川線と能美線の直通運転、すなわち原則として列車が白菊町～鶴来～辰口～新寺井間の運転となったのは、1949(昭和24)年6月21日であった。この時は鶴来～加賀一の宮間が折り返し運転で、金沢市内から白山下に向かうには、鶴来と加賀一の宮で2回の乗り換えを要した。その年の12月6日に金名線が電化され石川線・金名線の相互直通運転が可能になるが、1950(昭和25)年10月1日発行の時刻表(復刻版)では1950(昭和25)年2月26日改正として、下りは鶴来5時15分発新寺井行・白菊町5時20分発新寺井行から白菊町22時発鶴来行、上りは鶴来5時14分発白菊町行・新寺井5時16分発白菊町行から新寺井21時56分発鶴来行まで50分ヘッドと記載されている。

1951(昭和26)年7月21日改正で白菊町～鶴来間30分ヘッドでの運転が始まり、時刻表1956(昭和31)年12月号では1956(昭和31)年10月1日訂補で白菊町～鶴来30分毎、鶴来～新寺井60分毎、鶴来～白山下間は別掲で約60分毎とある。この時点では白菊町～鶴来～新寺井間が運転の基本でその間に白菊町～鶴来間が入り、鶴来～白山下間は折り返し運転であった。

昭和37年の新寺井駅。左は貨物列車を牽引するED301、右は入換用のEB111。EBはその見た目からも分かるように2軸電車そのもの。北陸鉄道への合併により流れ着いた元温泉電軌の車輌である。　　　　　　　　　　　　1962.5.29　新寺井　P：荻原二郎

新寺井駅に到着するモハ5102ほか2連。左手奥が発着ホームで終点方。右が鶴来方で、手前方には国鉄との連絡線が続く。
1962.5.29　新寺井　P：荻原二郎

　それが、時刻表1960(昭和35)年4月号では1959(昭和34)年9月22日訂補で、白菊町〜鶴来約30分毎、白山下行・新寺井行約60分毎、新寺井〜鶴来30〜60分毎とある。白菊町〜新寺井間約60分毎は変わらず、朝夕はその間に鶴来〜新寺井間の区間列車が入った。
　『北鉄の歩み』の巻末年表からこの間の記述を拾うと、1953(昭和28)年11月1日白菊町〜新寺井間に急行列車制定、1955(昭和30)年4月29日急行「手取号」運転開始、白菊町〜釜清水間20分短縮、1958(昭和33)年6月8日石川総線スピードアップ大幅ダイヤ改正、とある。

■1960年代の能美線

　戦後の混乱期から昭和30年代までが能美線の最盛期で、加賀福岡、本寺井、末信牛島、加賀佐野、湯谷石子、徳久、上開発、辰口温泉、宮竹で貨物の取り扱いがあり、本寺井、湯谷石子、辰口温泉、宮竹で閉塞の取り扱いがあった。1966(昭和41)年1月15日改正では鶴来→新寺井18本、新寺井→鶴来20本(一部石川線発着)のほか、野町発辰口温泉行、辰口温泉〜新寺井間区間列車や辰口温泉発新寺井行急行などがあり、貨物3往復(うち1往復は不定期)も設定されている。石川線、金名線、能美線を合わせた石川総線の国鉄と

新寺井に向かうモハ3732。新寺井〜岩本間は平坦な地形が続いていた。
1973.6.16　徳久－湯谷石子　P：荻原俊夫

末信牛島駅に到着するモハ3732。晩年は停留場となっていたこの駅も、かつては貨物の取り扱いがある停車場であったという。
1973.6.16　末信牛島
P：荻原俊夫

の貨車中継は西金沢と寺井であったが、寺井の構内は狭く、西金沢中継の方が多かった。

　昭和40年代に入って主要道の舗装が進むと、貨物の鉄道離れが進んだ。一般貨物中心であった能美線はトラックへの移行が早く、1968(昭和43)年12月30日に貨物営業を廃止。同じ頃に湯谷石子と宮竹の閉塞取扱も廃止され、中間の閉塞取扱は辰口温泉と本寺井のみになった。また、この頃になると通学生以外の鉄道利用客が減少したことから、1970(昭和45)年4月1日に能美線と金名線は朝夕の通学・通勤時間帯のみの列車運行になり、昼間はバス代行になった。これは、1967(昭和42)年2月11日に金沢市内線が全廃されてバス転換された結果、ラッシュ時のみ稼働して昼間時は遊休となるバス車輛が増えたことにもよるものでもあった。

　1973(昭和48)年8月1日には本寺井の閉塞取扱を廃止し、同時に辰口温泉〜新寺井間をスタフ閉塞式に改め、新寺井は駅員無配置になった。

湯谷石子駅と蟻宮石子神社。神社の鳥居は今も同じ位置にある。
1973.6.16　加賀佐野−湯谷石子　P：荻原俊夫

▲中ノ庄駅。新寺井駅と同じく根上町に位置したが、この付近は南側の小松市との境界に近く、小松市内からの利用もあった。
　　　　1979.5.27　中ノ庄
　　　　　　P：武田忠雄

◀列車交換があった頃の面影が残る湯谷石子駅。
　　　　1980.9.7　湯谷石子
　　　　　　P：名取紀之

▼湯谷石子駅付近を行くモハ3752。
　　　　1980.9.7　湯谷石子－徳久
　　　　　　P：名取紀之

▲モハ3741。名鉄瀬戸線の昇圧により石川総線に転じてきたもので、瀬戸線時代のまま転換クロスシート装備の豪華車である。
1980.3.5 来丸―火釜
P：名取紀之

▶来丸駅は氣多神社の参道に位置した。
1980.3.5 来丸
P：名取紀之

昼間の運行がなくなった能美線。鶴来からの午後一番の列車が新寺井に近づく。　　1980.5.4　新寺井－加賀福岡　P：寺田裕一

5. 晩年の能美線

■能美線訪問

　私が北陸鉄道能美線を最初に訪れたのは1976(昭和51)年3月30日であった。この頃は春闘の賃金交渉で労働組合がストライキを行うのが年中行事のようなもので、規模の大きな私鉄ほど交渉がまとまるのが早く、規模の小さな私鉄ほど終日列車が止まることが多かった。この日も尾小屋鉄道は運転が絶望的で、北陸鉄道に行くことを考えて金沢市内に前泊した。予想通りというか北陸鉄道のストライキは午前中に解消し、午後に野町から鶴来へ。そして、午後一番の白山下行に乗車した。白山下まで往復したのちに鶴来から新寺井行に乗ることができた。

　鶴来は駅本屋前の1番線が加賀一の宮・白山下行、2番線と3番線は島式ホームになっていて、2番線が野町行、3番線が新寺井行の発着線であった。鶴来駅3番線を発車した新寺井行は石川線と複線のように並んで進み、約300mで本鶴来に着くが、並んでいる石川線にはホームが無く、石川線は左にカーブ、能美線はそのまま進んで、全長235mの手取川橋梁を渡り終えると、全長212.7mの天狗山隧道に入り、抜けたところが天狗山駅跡であった。ここにはホーム跡が残っていて、バラスト積み込み用の側線があり、ホム1が留置されていた。その先は獅子吼高原を背にして、左に天狗山山麓の木立を車窓に見ながら進んだ。岩本からは開けた景色となり、宮竹は木造駅舎を持ち、使われなくなった対向ホームが残っていた。加賀岩内を過ぎると穀倉地帯が広がる。辰口温泉は交換可能駅で、朝は列車交換を行うものの夕方の交換は無かった。しかし、閉塞は併合されておらず、タブレット(票券とスタフ)の受け渡しは行われた。

　湯谷と石子の地名を合わせて駅名にした湯谷石子、同じく末信と牛島を合わせた末信牛島を経て本寺井に

214列車の車内。　　1980.5.4　P：寺田裕一

進んだ。本寺井は寺井の中心街に近く、能美電気鉄道時代は車庫があったというが、跡は残っていない。寺井西口発車後、進路を一旦北に変えたのち、左にカーブして西に向かい、加賀福岡を経て前方に北陸本線が近付いてくると右に回り込んで新寺井に到着した。

■ついに廃止へ

1980(昭和55)年3月に訪れた時は、既に能美線の廃止は時間の問題になっていた。沿線自治体は鶴来、辰口、寺井、根上の4町だったが、廃止に反対しているのは辰口町だけで、それも春の町長選挙が終わると態度が変わると見られていた。そんなこともあって、来春に電車が走る姿を見るのは難しいであろうと肌で感じた。乗った列車は全て単行で、とにかく利用客は少ない。沿線の過疎化が進んでいるわけではないが、通勤客はマイカーに移ってしまっていた。昼間時の代行バスは鉄道以上にさっぱりで、車掌さんに聞くと、「電車は1往復で車内補充券の発売だけで5千円くらいの運賃収入がありますが、バスはもっと少ないと聞きます」とのことであった。昼間の買い物客の動きを見ると、スーパーマーケットの無料送迎バスが代行バスの後を追う様な時刻設定で走っていて、運賃を収受する公共交通が太刀打ちできるはずがなかった。

能美線の途中唯一の閉塞取扱駅となった辰口温泉駅。夕方は列車交換は無かったがスタフと票券の交換は行われていた。
1980.5.4 辰口温泉 P：寺田裕一

1980.5.5 岩本 P：寺田裕一

『能美電ものがたり』には辰口町が1979(昭和54)年にまとめた『北陸鉄道能美線存続に関する調査書』の内容が示されているが、それによると、1970(昭和45)年に一日平均2,000人を超えていた乗車人員が1978(昭和53)年には800人余に落ち込んでいることが分かる。

　この年のゴールデンウイークに北陸地方を巡った時は、5月4日に福井鉄道南越線、北陸鉄道小松線訪問後、国鉄北陸線ローカル列車で寺井着15時36分。加賀福岡方に歩いて新寺井16時10分着の21列車を撮影し、新寺井16時20分発214列車に乗りこんだ。これが午後の鶴来行一番列車で、途中駅からの乗車は多く、車掌さんは乗車があるたびに乗客に駆け寄って車内補充券を発売した。夕刻は一個列車が行って帰ってであったが、閉塞取扱の関係で辰口温泉には駅長がいて、スタフと票券の受け渡しがあった。この頃、北陸鉄道訪問時に常宿は加賀一の宮駅から徒歩圏のユースホステル「かのや」であった。ユースホステルと言っても、民宿旅館の一室をユースホステルに割り当て、男女別に相部屋としていたが、他に客がいることはほとんどなく、いつも一人で部屋を占領していた。

　翌5日は、朝から手取川橋梁で撮影し、列車のない昼間は石川線と浅野川線に足を伸ばし、夕刻には能美線岩本に戻った。ここで手植えの田植えと幼稚園児の帰宅を見た。保母さんたちに連れられ、電車の到着ま

晩年の新寺井駅の入口。間口が小さな、駅舎というにはあまりに簡易な建屋であった。
1980.5.4　P：寺田裕一

でホームを駆け回り、電車に乗ると手を振り続ける子供たち……。おそらく下車駅ではお母さんたちの出迎えを受けるのであろう。こんな光景が見られるのも今回限りかと思うと、感極まった。

　翌朝も手取川橋梁脇で能美線を撮影した後、割出の北陸鉄道本社に出向き、総務部長と廃止の場合のヘッドマーク取り付けの打ち合わせを行った。

■

▲能美線の最終日。昼間の車内は、飾り付け以外は普段どおりの姿であった。モハ3752車内。　1980.9.13　P：寺田裕一
◀岩本駅の子どもたち。電車が到着するまでは、とても元気に駆け回っていた。　1980.5.5　岩本　P：寺田裕一（2枚とも）

▶最終日の夜、辰口温泉での交換。この時間になると無料サービスとあって多くの乗客で賑わっていた。最終日にはヘッドマークの掲出車輌に変更があり、モハ3761にもヘッドマークが取り付けられた。　1980.9.13　辰口温泉　P：寺田裕一

▼(左)能美線おわかれ記念乗車券。　　所蔵：寺田裕一

(右)最終日の宮竹駅。住民からの能美線に対する感謝の言葉が張り出されている。
　1980.9.13　宮竹
　P：寺田裕一

　能美線の営業最終日は1980(昭和55)年9月13日(土)であった。月末でも中間決算期末でもない中途半端な日付であったが、廃止反対の立場をとっていた辰口町が8月中旬に廃止に同意し、北陸鉄道が廃止申請手続きを行い、廃止許可が9月3日。そこから一定の公示期間を設定した結果が9月14日廃止実施であった。9月6日からはモハ3732と3752の2輌にお別れの意を表すヘッドマークが掲出された。その時、私は信州から北海道、東北、信越のローカル私鉄を巡っている最中で、9月12日夜に「かのや」に投宿した。
　能美線廃止は、日取りの決定から実施まで1週間ほどしかなかったこともあって、地元以外では知る人は少なかった。営業最終日でも集まったファンは少なく、朝は単行の列車でも空席が目立った。それでも別れを惜しむ地元の人々は、午後から大挙して繰り出し、鶴来15時35分発の新寺井行からは2輌編成になった。2輌編成であってもどの列車も超満員であった。鶴来発定刻18時35分の215列車からは無料サービスになり、普段電車に乗り慣れぬ人が乗降に手間取ったこともあって遅れが発生し、積み残しも出た。通常の夕刻は一個列車の往復運転であったが、定期列車に加えて辰口温泉交換の臨時列車2往復も設定された。しかし、各列車とも1時間以上の遅れになり、最終の臨時列車新寺井発鶴来行は定刻21時49分発のところ23時12分発になった。途中、本寺井と辰口温泉で地元の人から乗務員への花束贈呈の式典があったこともあって、鶴来到着は23時58分であった。終列車到着後、当時私が所属していた日本レイルファンクラブ(NRC)から山田良男鶴来駅長と岩山清乗務区長に花束を贈呈。その後、鶴来駅構内で「さようなら会」が挙行され、北陸鉄道社長、沿線町長らのスピーチがあり、25時頃に散会となった。
　翌9月14日、加賀一の宮駅の券売機の上に掲げられた運賃表の能美線各駅にはテープで×が貼られていた。

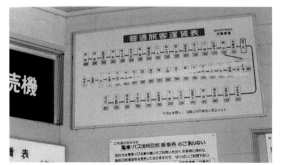

能美線廃止翌日の加賀一の宮駅。運賃表の能美線の部分にテープで×印が貼られている。　1980.9.14　加賀一の宮　P：寺田裕一

6. 廃止後の能美線

能美線廃線跡の利用に関しては、自治体ごとに対応が異なった。鶴来町では整備は特になされず、道床跡が残った。辰口町は線路跡を自転車・歩行者道の健康ロードとして整備し、桜を植樹して桜並木とし、駅跡にはモニュメントが設けられた。寺井町は、辰口町方の健康ロードが本寺井駅跡まで続くが、本寺井駅跡には1998(平成10)年に町立図書館が建ち、その先は道床跡が残る。国道8号バイパスを潜ると根上町内を含めて2車線の一般道となる。新寺井へのアプローチ部は細い一般道で、長らく農協倉庫が姿を留めていた。以上が2007(平成19)年11月24日に訪れた時点での状況であった。なお、辰口町、寺井町、根上町は2005(平成17)年2月1日に合併し、能美市となっている。

北陸鉄道石川線は、1989(平成元)年7月に東急7000系2輌編成5本の導入で、在来車はモハ3750形2輌と3760形2輌を除いて一掃された。3762はほどなく制御車化されて浅野川線に転じ、残る3750形2輌と3761は予備車となり、2006(平成18)年10月に3761と3751は廃車となった。この2輌は輸送費譲渡先負担を条件に無償譲渡することとなり、3761は辰口町が購入して辰口温泉駅跡北側を「のみでん広場」として保存された。2015(平成27)年6月12日にはホム1が並べられ今日に至っている。

長らく能美線があった当時の姿を留めていた旧新寺井駅脇の農協倉庫付近は、能美市JR寺井駅周辺整備事業によって景観が一変した。北陸本線寺井駅は2014(平成26)年3月9日に橋上駅舎の使用を開始、2015(平成27)年3月14日に「能美根上」に駅名を変更した。

そして2018(平成30)年7月15日に廃線跡を訪れると、いくつかの変化が見られた。寺井西口〜本寺井間のガーダー橋はコンクリート製に架け替えられたが、寺井西口方の線路跡は鉄道時代の面影を留めていた。

▲本寺井駅跡は図書館に。駅名標を思わせる案内板が駅跡であることを示す。
2018.7.15　P：寺田裕一

▶廃止から38年を経て、今も姿を留める岩本ー本鶴来間の七ケ用水橋梁。手前が本鶴来駅方。
2018.7.15　P：寺田裕一

天狗山隧道の岩本方坑口は確認できなかったが、本鶴来の手取川橋梁方にあった七ケ用水の橋梁は、錆びつきながらも姿を留めていた。

なお、能美線代替の路線バスは2007(平成19)年12月に廃止されたが、旧能美線沿線では能美市によるコミュニティバス"のみバス"が様々な路線で運行されており、本数は少ないものの市境を越えて鶴来駅と能美根上駅を結ぶ便も存在する。

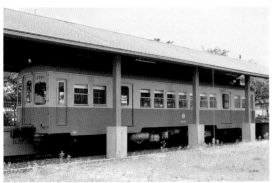

辰口温泉駅跡近くの「のみでん広場」に保存された3761。縦列する形でホム1も保存されている。　2018.7.15　P：寺田裕一

難読駅の灯台笹駅跡にも駅名標を模したモニュメントが建てられている。　2018.7.15　P：寺田裕一

能美線最後の春。野町行電車が辰口温泉駅に到着する。
1980.3.5 辰口温泉 P：名取紀之

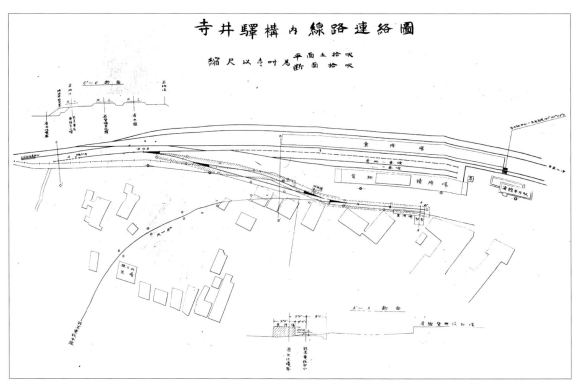

能美電気鉄道当時の寺井駅・新寺井駅平面図。　　　　　　　　　　　　　　　　　　　　　所蔵：国立公文書館

7. 駅・運転

■停車場・停留場
●**新寺井**（しんてらい　起点0.0km）
　北陸本線寺井停車場前に位置し、1925（大正14）年8月13日に営業を開始。発着線は1本で、北陸本線との間に貨車受け渡し線があった。1928（昭和3）年11月30日届出で、乗降客累増の為にホームが擁壁表面ともにコンクリートに、同時に拡幅。1935（昭和10）年11月30日届出で駅舎内に売店を新設。1973（昭和48）年8月1日に無人化された。
　晩年は起点駅に不似合いな簡易な駅舎でコンパクトなつくりであった。

能美線の玄関口である新寺井駅の駅舎。右側が国鉄の構内で、貨物の荷扱いがあった。入口上部には「手取遊園、獅子吼高原、辰口温泉行電車のりば」と書かれている。後年、この駅舎は間口が狭いものになった(31頁写真)。
1962.5.29　新寺井　P：荻原二郎

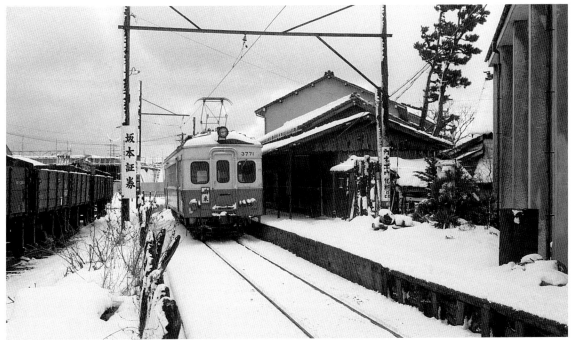
鶴来方から見た新寺井駅。右に見える壁は農協倉庫で、ホームに食い込むように建っていた。　　　　1968.4　新寺井　P：風間克美

国鉄の駅前ロータリー方から見た新寺井駅。発着線は終始1本のみで、貨物列車も一旦電車の停まっている線に入ったうえでスイッチバックすることになる。　　　　1968.4　新寺井　P：風間克美

●濁池（にごりいけ　起点0.3km）

　1925（大正14）年8月13日に停留場として開設。1931（昭和6）年5月27日届出で新寺井停車場方の県道踏切番人休憩所一棟を新設。1938（昭和13）年10月27日届出でホーム擁壁を木造からコンクリートに、ホーム長を9m144から15mに延伸した。

　新寺井から0.3kmと近く、1951（昭和26）年6月30日に廃止された。

●加賀福岡（かがふくおか　起点1.3km）

　1925（大正14）年8月13日に停留場として開設されたが、まもなく1925（大正14）年10月に側線が設けられて停車場となった。

　1938（昭和13）年10月27日届出で駅舎反対側の貨物卸場を駅舎と同一側に付け替え、木造擁壁のホームをコンクリート擁壁に変更。1960（昭和35）年5月19日に貨物側線が撤去されて停留場となった。

まだ列車交換があった頃の本寺井駅を新寺井に向けて発車するモハ3702＋クハ1711。　　　　1973.6.16　P：荻原俊夫

●**中ノ庄**(なかのしょう　起点1.9km)
　1925(大正14)年8月13日に停留場として開設。終始無人の停留場であった。

●**五間堂**(ごけんどう　起点2.6km)
　1925(大正14)年8月13日に停留場として開設されたが、まもなく1925(大正14)年10月に側線が設けられて停車場となった。側線は織物工場の荷の積み降ろしに利用されたというが、早い段階で撤去され、停留場に戻っている。

●**寺井西口**(てらいにしぐち　起点2.9km)
　1925(大正14)年8月13日に停留場として開設。終始無人の停留場であった。

●**自動車連絡場**(じどうしゃれんらくじょう　起点3.3km)
　1935(昭和10)年5月12日に開設された(届出は5月24日)。その名の通り、小松への旅客運輸自動車(バス)の営業を開始するにあたって自動車・電車連絡を目的に新設された。1939(昭和14)年5月31日届出で乗降場擁壁を木造からコンクリートに変更。戦後の早い時期に廃止されている。

●**本寺井**(ほんてらい　起点3.7km)
　1925(大正14)年3月21日に停車場として開業。当初から閉塞取扱駅で、駅長が常駐した。
　1926(大正15)年6月20日届出で、「近時貨物数量増加ノ為」に構内に貨物上屋を設置。1928(昭和3)年11月30日届出で、乗降客累増の為にホームが砂利敷きからコンクリート敷きに改められる。1934(昭和9)年11月30日届出で構内の転轍器を自動弾機式に変更。1935(昭和10)年5月25日届出で自動車交通事業営業開始の為に構内に自動車車庫を新設。1938(昭和13)年10月27日届出で、車輌増備から狭隘となった電車庫の継ぎ足し工事を実施。
　1973(昭和48)年8月1日に閉塞の取り扱いを廃止して駅員無人となった。

●**末信牛島**(すえのぶうしじま　起点4.5km)
　1925(大正14)年3月21日に停留場として開業したが、1925(大正14)年10月に側線が設けられて停車場となった。開業時の駅名は末信、側線設置時も同様であるが、1937(昭和12)年10月1日現在鉄道停車場一覧では末信牛

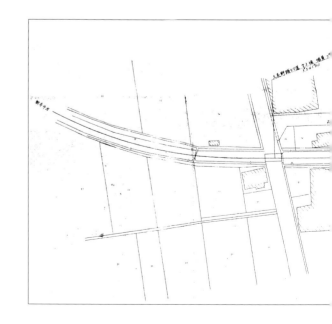

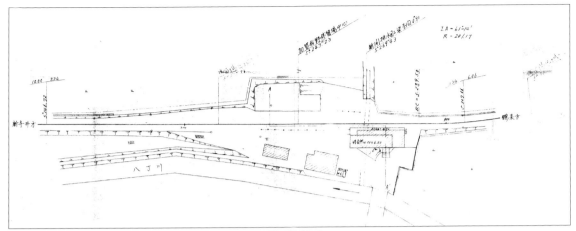

晩年の加賀佐野駅平面図。側線はすでに撤去されているがその面影が偲ばれる。

島と記されている。

『能美電ものがたり』によれば、戦時中、軍需物資として乾電池の材料がこの駅から加工工場に運ばれたという。

1958(昭和33)年3月17日に貨物側線が撤去されて停留場に戻った。

●**加賀佐野**(かがさの　起点5.2km)

工事施行認可申請時の駅名は佐野であったが、栃木県・両毛線の佐野と重複するためか開業前の1925(大正14)年3月18日届出で地域名をかぶせて加賀佐野に改称。1925(大正14)年3月21日に停車場として開業した。

1926(大正15)年3月22日届出で小口取扱所上屋工事。1932(昭和7)年11月30日届出で小荷物取扱所が新設された。1930(昭和5)年に開設された服部鉱山から出荷される陶石を扱ったこともあったといわれるが、服部鉱山は金名線の走る手取川の谷から尾根越えたすぐ西側に位置し、まもなく手取川側へ索道が建設されて搬出されるようになったという。

1967(昭和42)年1月14日に側線が廃止されて停留場となった。

●**湯谷石子**(ゆのたにいしこ　起点5.8km)

工事施行認可申請時の駅名は石子湯谷であったが、開業前の1925(大正14)年3月18日届出で湯谷石子に改称。1925(大正14)年3月21日に停車場として開業した。

1926(大正15)年10月2日届出で行き違い駅となり、場内信号機1個新設、既存ホームの延伸と新しく対向ホームが設けられた。1926(大正15)年11月30日届出で「貨物集散相當有之地方民ノ要望ヲ容シ」貨物取扱所新設。1929(昭和4)年7月17日届出(7月15日落成)で、末信牛島の貨物置場を移転改良して宿直室一室を継ぎ増。理由としては「驛長宿直ヲ認メタルニ依ル」。1937(昭和12)年5月31日届出で構内に到着石炭荷主の希望により第2石炭卸場を新設。1937(昭和12)年6月12日付けで下り出発信号機の位置を変更した回答がなされている。1968(昭和43)年9月1日に閉塞の取り扱いを廃止して無人駅となり、同年9月

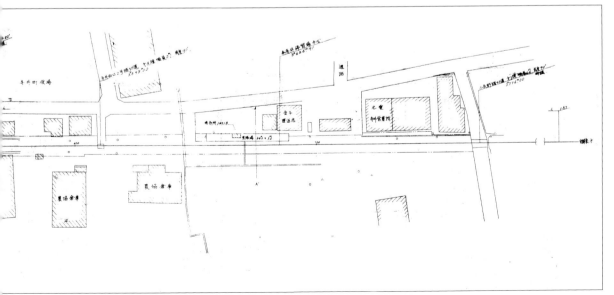

能美線晩年の本寺井駅平面図。すでに交換設備は撤去されている。

湯谷石子駅の駅名標。この駅名は「湯谷」と「石子」の二つの地名を組み合わせたものであった。　　　　　　　　1962.5.29　P：荻原二郎

徳久駅。かつては側線を擁したが、廃止時は停留場となっていた。
　　　　　　　　　　　　　　　　　　　　1973.6.16　P：荻原俊夫

6日に側線を廃止して停留場となった。

●**徳久**（とくひさ　起点7.4km）
　1925（大正14）年3月21日に停車場として開業した。1926（大正15）年6月20日届出で、「変電所詰員ノ通勤制度ヲ廃シ宿直制度ニ改メタルニ依ル」との理由で構内変電所付属宿直部屋を建て増し、便所一棟を新設。1967（昭和42）年1月14日に側線が廃止されて停留場となった。

●**上開発**（かみかいはつ　起点8.5km）
　1925（大正14）年3月21日に停留場として開業した。

1925（大正14）年10月に側線が設けられて停車場となった。1938（昭和13）年10月27日届出でホーム擁壁を木造からコンクリートに、ホーム長を9m144から15mに延伸した。1963（昭和38）年7月19日に貨物側線を撤去して停留場となった。

●**辰口温泉**（たつのくちおんせん　起点9.1km）
　1925（大正14）年3月21日に辰口停車場として開業。当初から閉塞取扱駅で、駅長が常駐した。1934（昭和9）年6月8日実施竣工届で構内の転轍器を自動弾機式に変更（1934年5月10日認可申請、5月31日認可）。1956（昭和

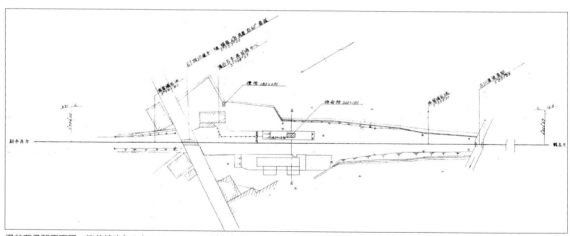

湯谷石子駅平面図。能美線晩年のもので、かつては列車交換もあったが、すでに線路は1線のみとなっている。

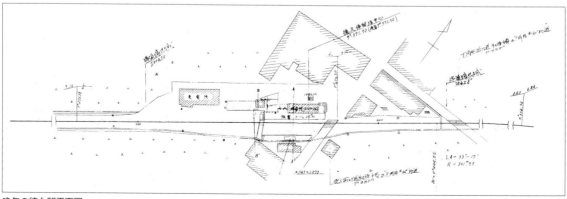

晩年の徳久駅平面図。

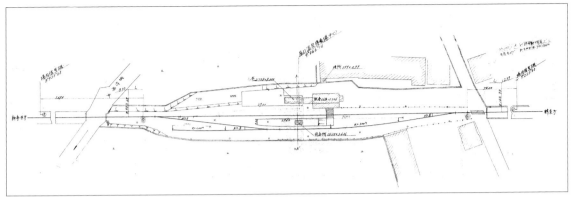
辰口温泉駅平面図。

辰口温泉駅。最終日のため紅白の幕が張られている。
1980.9.13　P：寺田裕一

来丸駅。かつては周辺の織物工場への通勤客で賑わったという。
1980.9.13　P：寺田裕一

31)年4月1日の停車場名称変更で辰口温泉となった。

　駅名となった辰口温泉は開湯以来1400年の歴史を持つと言われる温泉地で、『能美電ものがたり』によると、新寺井までお客さんを迎えに行く旅館の仲居さん専用の乗車札もあったという。最後まで閉塞取扱の駅員配置駅であった。

●来丸 (らいまる　起点10.2km)
　1925(大正14)年6月5日に停留場として開業。1938(昭和13)年10月27日届出でホーム擁壁を木造からコンクリートに、ホーム長を9m144から15mに延伸した。終始無人の停留場であった。

●火釜 (ひがま　起点10.7km)
　1925(大正14)年6月5日に停留場として開業。1938(昭和13)年10月27日届出でホーム擁壁を木造からコンクリートに、ホーム長を9m144から15mに延伸した。終始無人の停留場であった。

●加賀岩内 (かがいわうち　起点11.3km)
　1925(大正14)年6月5日に停車場として開業。1938(昭和13)年10月27日届出でホーム擁壁を木造からコンクリートに、ホーム長を9m144から15mに延伸した。
　開業時の駅名は岩内で、1937(昭和12)年10月1日現在の鉄道停車場一覧でも岩内、非連帯運輸駅と記されてお

田んぼの真ん中にポツンとあった火釜駅。
1980.9.13　P：寺田裕一

加賀岩内駅。農産物や織物製品などの出荷で賑わったこともあったという。
1980.9.13　P：寺田裕一

リ、連帯運輸を開始する時点で、北海道の岩内線岩内駅と区別するために加賀をかぶせたと思われる。1967（昭和42）年1月14日に側線が廃止されて停留場となった。

●三ツロ（みつくち　起点12.3km）

1925（大正14）年6月5日に停留場として開業。1938（昭和13）年10月27日届出でホーム擁壁を木造からコンクリートに、ホーム長を9m144から15mに延伸した。開業時は三口で、ホーム延伸届け出時には三ツ口と記されている。終始無人の停留場であった。

●宮竹（みやたけ　起点13.1km）

1925（大正14）年6月5日に側線のある停車場として開業。1931（昭和6）年12月18日届出で場内信号機を新設して行き違い可能駅とした。

1934（昭和9）年11月30日届出で構内の転轍器を自動弾機式に変更。1939（昭和14）年5月31日届出で乗降場を砂利からコンクリートに変更。1968（昭和43）年9月1日に閉塞の取り扱いを廃止して無人駅となり、同年9月6日に側線を廃止して停留場となった。

●灯台笹（とだしの　起点14.6km）

1925（大正14）年6月5日に停留場として開業後、まもなく1925（大正14）年10月に側線が設けられて停車場となった。

1938（昭和13）年10月27日届出でホーム擁壁を木造からコンクリートに、ホーム長を9m144から15mに延伸した。『能美電ものがたり』によると、裏山に凝灰岩の採掘場があり、貨車輸送を行っていた時期もあったという。しかし、早い時点で側線は撤去されて停留場となった。

●岩本（いわもと　起点15.3km）

1925（大正14）年6月5日に停留場として開業。天狗山駅廃止後は辰口町の東端部に位置し、終始無人の停留場であった。晩年でも通園の幼稚園児の乗降が見られた。

●天狗山（てんぐやま　起点15.8km）

1925（大正14）年6月5日に停車場として開業した。開業時は新鶴来で、停車場本屋、貨物上屋を擁した。

鶴来延長工事が始まると1931（昭和6）年12月18日届出で天狗山停車場に改称され、停車場本屋を撤去して貨物上屋を改造して駅務を行い（待合室・事務室・貨物取扱場に3等分）、出発信号機を移設した。

戦後の1946（昭和21）年に廃駅となったが、側線は営業最終日まで残り、ホム1が留置されていることが多かった。

▲(左)三ツ口駅。浅野川線の三口駅と読みはおなじ「みつくち」であった。
　1980.9.13　P：寺田裕一

▲(右)岩本駅。右手前が灯台笹方、左奥が旧天狗山方である。　1980.5.5　P：寺田裕一

◀天狗山駅跡。奥には天狗山隧道が口を開けている。駅としては1946年に廃止されたが、廃止まで側線が残されており、この時もホム1が留置されている。
　1980.9.13　P：寺田裕一

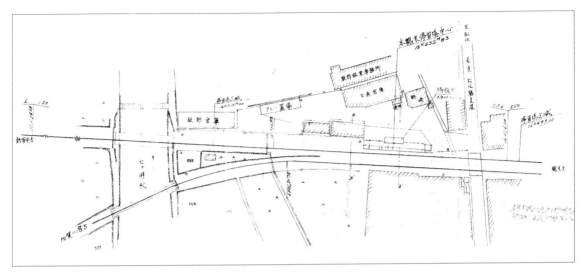

▲本鶴来駅平面図。上側の線が能美線、下側の線は石川線で、石川線にはホームはなかった。

▶本鶴来駅を発車する能美線鶴来行。左に並行するのは石川線。能美線はこの奥で岩肌の見える手取川対岸へ渡る。
1973.6.16　P：荻原俊夫

●**本鶴来**（ほんつるぎ　起点16.4km）

　鶴来延長線工事施行認可申請時は「古町停留場」であったものの、開業前の1931(昭和6)年12月18日の認可申請では「鶴来本町停留場に貨物積込場を設けて停車場にすること」となっている。

　1932(昭和7)年1月16日の鶴来延伸と同時に開業し、開業時の名称は本鶴来であった。貨物側線は早い段階で撤去されていた。開業時から金名鉄道と複線の様に線路が並行していたが、北陸鉄道石川線の時代も含めて能美線だけにホームがある構造であった。

●**鶴来**（つるぎ　起点16.7km）

　軌間762mm・蒸気動力の石川電気鉄道の終着駅として1915(大正4)年6月22日に開業。前述の通り石川電気鉄道は石川鉄道への社名変更、改軌・電化を経て、1927(昭和2)年に金沢電気軌道となった。同年12月28日には金名鉄道鶴来町～神社前(後の加賀一の宮)間が開業。鶴来町駅は鶴来駅に隣接する形であったが、後にこの区間は金沢電気軌道に売却され、鶴来駅に一本化された。

　能美電気鉄道の鶴来延伸開業は1932(昭和7)年1月16日で、鶴来駅は金沢電気軌道と能美電気鉄道の共同使用駅となった。晩年の能美線は3番線を発着線とした。

石川線と接続する鶴来駅。能美線の電車は一番西側の3番線に発着した。
1980.3　鶴来　P：寺田裕一

■運転

『能美電ものがたり』に掲載されている1939(昭和14)年11月改正の寺井駅発車時刻表によれば、新寺井初発は5時56分、終着は22時50分。到着発車とも17本で、急行運転や新寺井発辰口行の区間運転もあったようだ。能美電気鉄道が解散して金沢電気軌道となったのが1939(昭和14)年8月1日で、その直後ということになる。

1949(昭和24)年8月27日に訪問された宮田雄作氏は、当時、東京鉄道同好会の会報『RomanceCar』No.8にその模様を発表されている。一部を引用する。

「翌27日は先づ本社車両課を訪問、午后再び市内線で広小路下車、石川線終点白菊町迄歩いて乗車することにする。

当線は去る6月1日より加賀一ノ宮行電車を鶴来より能美線の乗入れ、北陸本線の寺井迄直通運転する様になった。その所要時間80分でこのため鶴来－加賀一ノ宮間が支線となり能美線のデハ8と言う半鋼車が連絡してゐた。

一ノ宮から白山下行の金名線※が出てゐるが蒸気運転であり近く電化する由。その暁には再び白菊町発寺井行と共に白山下行の直通電車が走り本線になる事であらう。」

また、『北鉄の歩み』によると石川・能美線直通運転開始は1949(昭和24)年6月21日。能美線の戸籍上の起点は新寺井であったが、直通運転の関係もあって列車は鶴来行が上り、新寺井行が下りであった。このようになったのは、直通運転開始と同時期と推察する。

1966(昭和41)年1月15日改正列車運行図表では、旅客列車は新寺井～辰口温泉間21往復(辰口温泉発新寺井行1本は急行列車)、辰口温泉～鶴来間19.5往復(下り列車19本・上り列車20本)。列車番号200番代は新寺井発着(下り1本は辰口温泉着)の石川線直通の野町発着、400番代が辰口温泉発着を含む線内列車、802列車は新寺井発野町行きで、石川線内急行。新寺井初発は5時42分発鶴来行。新寺井終着は野町21時発新寺井着22時13分。貨物列車は定期2往復と不定期1往復で、不定期を含めて列車番号は700番代。興味深いのは新寺井5時3分、鶴来5時34分着の急行2402列車で、鶴来で5時38分発の野町発白山下行急行2851列車と連絡する。運転日は7月16日～8月15日で、夏山登山シーズンの行楽列車である。保安方式は全線票券閉塞式で、閉塞取扱駅は鶴来、宮竹、辰口温泉、湯谷

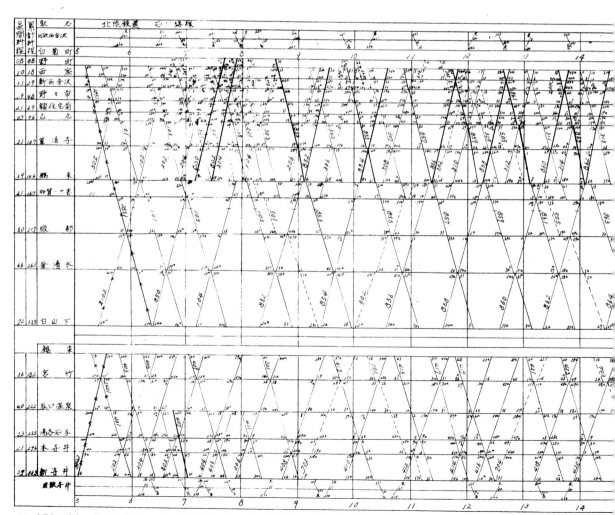

1966(昭和41)年1月15日改正石川総線列車運行図表。この当時は途中、宮竹、辰口温泉、湯谷石子、本寺井の4駅で交換が行われている

石子、本寺井、新寺井。この列車運行図表でもわかるように、白菊町に乗り入れる旅客列車は朝夕の一部のみで、金沢市内のターミナルは野町に移っていた。なお、白菊町―野町間の旅客営業廃止は1970(昭和45)年4月1日で、以降は貨物列車のみの運行となり、1972(昭和47)年9月20日に白菊町―野町間は廃止となった。

晩年の1978(昭和53)年12月17日改正では、定期は旅客列車だけで、平日朝が辰口温泉交換で5往復と辰口温泉発鶴来行1本。5往復の内1本は新寺井発野町行き急行。鶴来9時58分着の212列車から鶴来15時35分発の211列車までの間の列車は無くなる。夕刻からは辰口温泉での交換は無く、1個列車による4往復と鶴来発辰口温泉行1本。初発は鶴来6時03分発、終列車は辰口温泉21時29分着。日祝日は朝の初発から4本が運休で、新寺井発初発は7時13分であった。なお、当時の列車運行図表では、鶴来と旧天狗山の側線の間には8701～8704の2往復が設定されており、砕石積込時の運転と記されている。

※原文では「金石線」となっている。

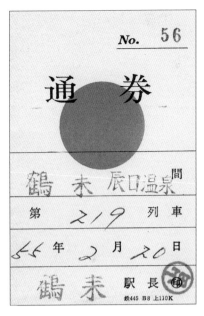

1980年2月20日の票券閉塞用の通券。この当時、能美線の閉塞区間は辰口温泉で分かれる2区間のみとなっていたが、もう一方の新寺井方はスタフ閉塞となっていた。
所蔵：寺田裕一

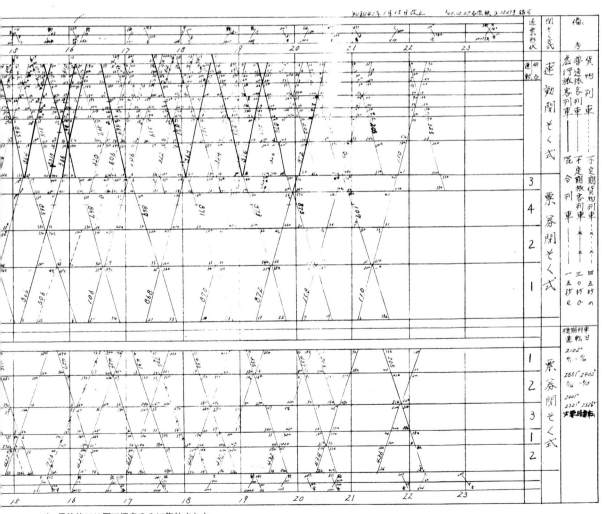

が、最終的には辰口温泉のみに集約された。

実り豊かな加賀平野を東西に横断していた能美線。その廃止は、西側諸国のボイコットが話題となったモスクワオリンピックが開催された、1980年の初秋であった。
1980.9.7　湯谷石子－徳久　P：名取紀之

おわりに

　北陸鉄道能美線が廃止されてから38年の歳月が流れた。能美線の列車は線路がつながる石川線との直通運転が多く、車輛も共通運用であった。さらに1970 (昭和45) 年以降は昼間時がバス代行となり、朝と夕方以降しか列車が走らなかったこともあって、沿線で撮影されたファンは決して多くはない印象である。能美線の線路が、岩本〜鶴来間を除くと多くが平坦な田園風景のなかを走り、変化に乏しかったことも、その一因かもしれない。なにより、当時はほかにも魅力のある路線が数多くあった。

　北陸鉄道全体を見渡すと、石川県下に鉄軌道路線が点在し、車輛の転属も複雑で、興味は尽きないのだが、体系的に捉えた文献は少ない。能美線に関しては、2007 (平成19) 年秋に能美市立博物館で秋季特別展「ノスタルジア能美電」が開催され、そこで集められた写真をベースに、沿線住民と能美電とのエピソードなどを集めた『能美電ものがたり』が2014 (平成26) 年3月に能美市教育委員会から発行された。それを拝読すると、昭和30年代の全盛期の様子を思い浮かべることができる。一方、車輛や運転状況に関する記述は少なく、鉄道愛好者としての視点で後世に記録を残したいという思いから本書をまとめた。

　能美線最晩年の車輛に関しては、石川線・金名線と共通運用であったことから、つづく『北陸鉄道金名線』でまとめることとした。結果的に上下巻のような構成になっていることをご理解をいただきたい。

　本書の執筆を進めていた期間中の2017 (平成29) 年8月31日に、前述の能美市立博物館が新博物館建設準備のため閉館となった。また、北陸本線の列車に乗れば必ず目を凝らして見ていた旧新寺井駅脇のJA倉庫も過去のものとなった。時代は着実に動いている。

寺田裕一

● 参考文献
『能美電ものがたり』(2014年　能美市教育委員会)
『北鉄の歩み』(1974年　北陸鉄道)
「北陸鉄道」宮田雄作(『Romance Car』No.8所収／1949年　東京鉄道同好会)
「昭和24・30年代の北陸鉄道の車輛」宮田雄作(『レイル1980夏の号』所収／1980年　プレスアイゼンバーン)
「私鉄車輛めぐり　北陸鉄道」西脇恵(『私鉄車輛めぐり特輯第Ⅲ輯』所収／1982年　鉄道図書刊行会)
「石川県における鉄道を中心とした交通網の形成過程(明治期)」五味武臣(1986年　金沢大学学術情報リポジトリ)
『内燃動車発達史(上・下)』湯口徹(2005年　ネコ・パブリッシング)
『機関車表フル・コンプリート版DVDブック』沖田祐作(2014年　ネコ・パブリッシング)
『鉄道ピクトリアル増刊　新車年鑑』各年度版(電気車研究会)
『日本鉄道旅行地図帳6号』(2010年　新潮社)
『私鉄全線全駅』(1980年　主婦の友社)
『鉄道未成線を歩く(私鉄編)』森口誠之(2001年　JTB)
『地図で歩く廃線跡』今尾恵介(1998年　二期出版)
『鉄道ファンのための私鉄史研究史料』和久田康雄(2014年　電気車研究会)

1980.5.5　灯台笹－岩本　P：寺田裕一